Reiseführer

Südafrika

**Naturerlebnisse · Wanderungen · Aussichtspunkte
Küsten und Strände · Hotels · Restaurants**

Die Top Tipps führen Sie zu den Highlights

von Albrecht Hagemann

☐ Intro

Südafrika Impressionen   6
Unvergleichliche Vielfalt an Landschaften und Völkern am schönsten Ende der Welt

8 Tipps für cleveres Reisen   12
Dampfloks, Steak und Weiße Haie

8 Tipps für die ganze Familie   14
Wale, Wissen, Trommelsession

☐ Unterwegs

West-Kap – vom Zauber Kapstadts zu saftigen Weinbergen und atemberaubenden Küsten   18

- **1** **Kapstadt** 18
  Von der Adderley Street zur Government Avenue 19
  Museumsbesuche in Gardens 21
  Long Street und Bo-Kaap 21
  Von der St. George's Mall zum Castle of Good Hope 22
  Von der Heerengracht zur Victoria & Alfred Waterfront 23
  Tafelberg und Bloubergstrand 24
- **2** **Kap-Halbinsel** 27
- **3** **Stellenbosch** 30
  Stellenbosch Wine Route
- **4** **Franschhoek** 33
- **5** **Paarl** 34
  Paarl Wine Route
- **6** **Tulbagh** 36
- **7** **Hermanus** 36
  Gansbaai – Cape Agulhas – Bredasdorp
- **8** **Swellendam** 39
- **9** **Mossel Bay** 39
- **10** **George** 41
  Wilderness Lakes National Park
- **11** **Knysna** 42
  Millwood – Knysna Forest – Valley of Ferns
- **12** **Plettenberg Bay** 44
- **13** **Oudtshoorn** 45
  Cango Wildlife Ranch – Cango Caves
- **14** **Clanwilliam, Wuppertal und Bushmans Kloof** 47

Nord-Kap – rote Dünen, bunte Blütenmeere und Diamantenschätze   49

- **15** **Namaqualand** 49
- **16** **Ai-Ais/Richtersveld National Park** 50
- **17** **Augrabies Falls National Park** 51
- **18** **Kgalagadi Transfrontier Park** 52

19 Upington 53
20 Kimberley 53

Ost-Kap – faszinierende Berg-landschaften und viktorianische Bilderbuchstädte   57

21 Garden Route National Park und Jeffrey's Bay 57
22 Port Elizabeth 58
23 Addo Elephant National Park 59
Shamwari Game Reserve – Seaview Game & Lion Park
24 Graaff-Reinet 60
Valley of Desolation
25 Grahamstown 62
26 Port Alfred 63
27 East London 64
28 Mthatha und Wild Coast 65

KwaZulu-Natal – tropisches Sand-strandglück und Zulutraditionen   68

29 Margate und Port Shepstone 68
Umtamvuna Nature Reserve – Oribi Gorge Nature Reserve
30 Drakensberge 70
31 Pietermaritzburg 72
Howick Falls – Midlands Meander – Wartburg
32 Durban 75
Umhlanga Rocks – Stanger – Shakaland – Umlalazi Nature Reserve
33 Zululand und Battlefields Route 80
34 Vom Hluhluwe/Umfolozi Game Reserve zum Maputaland Marine Reserve 82
Mkuze Game Reserve – iSimangaliso Wetland Park

Mpumalanga – echt afrikanische Naturerlebnisse und Goldgräber-städtchen   85

35 Mbombela 85
Sudwala Caves
36 Sabie 87
MacMac Pools – White River Panoramaroute
37 Pilgrim's Rest 89
38 Blyde River Canyon Nature Reserve 90
39 Kruger National Park 90
40 Swasiland 92

Limpopo-Provinz – im Land der Legenden und weiten Ebenen   97

41 Polokwane 97
Bakone-Malapa-Open Air Museum
42 Tzaneen und Magoebaskloof 98

43 Louis Trichardt 99
 Albasini-Damm – Schoemansdal
 Museum – Buysdorp
44 Soutpansberg 99
45 Musina Nature Reserve 100
 Musina Nature Reserve– Beit Bridge
46 Land der Venda 101
47 Waterberg 102

Nordwest-Provinz – Wunderwelten, Wildnis pur und fruchtbare Landschaft 104

48 Sun City 104
49 Pilanesberg Game Reserve 106
50 Potchefstroom 106

Freistaat – dörfliche Idyllen und überwältigende Bergszenarien im Herzen Südafrikas 109

51 Bloemfontein 109
52 Bethlehem und Clarens 111
53 Golden Gate Highlands National Park 112
54 Lesotho 112

Gauteng – Metropolen voller Kontraste 114

55 Johannesburg 114
 Gold Reef City – Soweto – Chamber of Mines – Lipizzaner Centre – Sterkfontein Caves
56 Pretoria/Tshwane 121
 Magaliesberg Nature Reserve – Premier Diamond Mine – Sammy Marks Museum – Tswaing

Südafrika Kaleidoskop

Robben Island – Südafrikas
 Alcatraz 25
Ein anderes Bild Südafrikas 26
Aus den Weinkellern am
 West-Kap 32
Moby Dick Kurs voraus 37
Friedhof der Schiffe – Wracks vor der Küste des West-Kaps 38
Die Garden Route 42
Die San und ihre Kunst 47
Halbmänner – Legende einer Pflanze 50
›Die Toten werden auferstehen‹ –
 Nongqawuses Prophezeiung 62
Nelson Mandela – ein Mythos des
 schwarzen Widerstands 66
Durbans Shoppingglück und
 Stöberfreuden 77
Farbenfreude und Geometrie:
 die Kunst der Ndebele 85
Der Geist von Thulamela 92

Outdoor pur – auf der Spur der
  Großwildfährten 93
Jo'burg heute – ein Neuanfang? 116
Floh- und andere Märkte 119

Karten und Pläne

Südafrika   vordere Umschlagklappe
Kapstadt   hintere Umschlagklappe
Kap-Halbinsel 28
Pietermaritzburg 73
Durban 76
Bloemfontein 110
Johannesburg 117
Pretoria/Tshwane 123

☐ Service

Südafrika aktuell A bis Z   129

Vor Reiseantritt 129
Allgemeine Informationen 129
Anreise 131
Bank, Post, Telefon 131
Einkaufen 132
Essen und Trinken 132
Feiertage 133
Feste und Feiern 133
Klima und Reisezeit 133
Kultur live 134
Nachtleben 134
Sport 134
Statistik 135
Unterkunft 135
Verkehrsmittel im Land 136

Sprachführer   137

Englisch für die Reise

Register   141

Impressum 143
Bildnachweis 143

Leserforum

Die Meinung unserer Leserinnen und Leser ist wichtig, daher freuen wir uns von Ihnen zu hören. Wenn Ihnen dieser Reiseführer gefällt, wenn Sie Hinweise zu den Inhalten haben – Ergänzungs- und Verbesserungsvorschläge, Tipps und Korrekturen – dann kontaktieren Sie uns bitte:

Redaktion ADAC Reiseführer
Travel House Media GmbH
Grillparzerstr. 12, 81675 München
adac.reisefuehrer@travel-house-media.de

Südafrika Impressionen

Unvergleichliche Vielfalt an Landschaften und Völkern am schönsten Ende der Welt

Landeanflug auf **Johannesburgs** International Airport am frühen Morgen: Von Norden langsam hereinschwebend, überquert die Maschine die braunen, welligen Ebenen des *Highveld* im ehem. Transvaal. Hier und da durchschneiden dort unten schnurgerade Straßen das Land und verschmelzen mit dem sonnigen Horizont. Und schließlich tauchen auch die Wolkenkratzer von Downtown *Jo'burg* auf, der City von *eGoli*, wie die Schwarzen die Stadt wegen ihres Goldes nennen. Hier schlägt noch immer das wirtschaftliche und das finanzielle Herz Südafrikas.

Ein ganz anderes Bild bietet sich beim Anflug auf **Kapstadt**. Das wuchtige Massiv des Tafelbergs erhebt sich majestätisch zwischen der weiten *False Bay* und dem offenen Atlantik.

Aus der Vogelperspektive klar erkennbar sind die staubigen Ebenen der *Cape Flats* und die eleganten Villenviertel der Kapmetropole, die sich an die blau schimmernden Berghänge schmiegen. Hochhäuser nahe den Docks markieren die City von Südafrikas ›Mutterstadt‹, von der aus die Eroberung und Besiedlung des Landes durch die Europäer ihren Anfang nahm.

Zwischen Weinreben, Wüstensand und subtropischer Üppigkeit

Johannesburg und Kapstadt – zwei Pole eines weiten Landes, so groß wie ganz Mitteleuropa, geprägt von höchst unterschiedlichen Landschaften, von denen jede für sich ihren unvergleichlichen Reiz besitzt, geprägt aber auch von einer bunten Völkervielfalt, die Südafrika die Bezeichnung *Regenbogennation* eingetragen hat.

Das **West-Kap** lockt mit herrlichen *Stränden*, grandiosen *Bergszenerien* und

Oben: *Bunte Kulturszene – Zulutänzer am Market Theatre Complex in Johannesburg*
Rechts: *Panorama pur – Kitesurfer am Blaubergstrand mit dem Tafelberg als Kulisse*
Rechts oben: *Blütenzauber – Namaqualand im prachtvollen Frühlingskleid*

berühmten *Weinanbaugebieten*, weiter östlich erstreckt sich die ›südafrikanische Riviera‹ mit der *Garden Route* entlang dem Atlantischen Ozean. Hier wechseln sich kilometerlange Sandstrände mit felsigen Küstenregionen ab, und im Hinterland befinden sich die letzten Reste uralter *Waldbestände*. Dies ist die südlichste Region Afrikas, in der Elefanten beheimatet sind.

Im **Nord-Kap** dehnen sich weite, trockene Ebenen aus, die im Frühjahr von *Blumenteppichen* bedeckt sind. Es sind dies einsame Gegenden, in die sich nicht allzu viele Touristen verirren. Rotfarbene *Sanddünen* an der Grenze zu Botswana

geben einen guten Vorgeschmack von den unermesslichen Weiten der *Kalahari-Wüste*, des Refugiums der letzten *San*, einer noch ursprünglich lebenden Ethnie Afrikas.

Im **Ost-Kap** gibt es noch unverfälschte *afrikanische Kultur* in urwüchsiger Landschaft zu entdecken. Auf geschotterten Pisten gelangt man zu malerischen Flussmündungen, an deren sandigen Ufern Angehörige des Xhosa-Volkes auch heute noch auf traditionelle Weise dem Fischfang nachgehen.

Die Provinz **KwaZulu-Natal**, die sich weiter nördlich anschließt, wartet mit wahren *Surferparadiesen* am Indischen Ozean und außerdem mit einigen der abwechslungsreichsten der insgesamt 19 *Nationalparks* des Landes auf. Hier erheben sich auch die Riesen der über 3000 m ansteigenden *Drakensberge*, die im Winter nicht selten unter einer Schneedecke stecken. Tiefe Schluchten, feucht-heißes Klima und tropische Vegetation erwarten den Besucher im östlich gelegenen **Mpumalanga**. Der äußerste **Norden** des Landes wiederum ist knochentrocken und fasziniert durch postkartenschöne Sonnenuntergänge und kristallklare Sternennächte. Einer der Höhepunkte je-

Oben: *Wellenreiten wie im Paradies – der Indische Ozean ist ein Dorado für Surfer*
Ganz oben: *Rebensaft und Bergidylle – Weingut Boschendal Estate bei Franschhoek*
Rechts: *Stilvoll: Historisches Friseurgeschäft in Kapstadts Victoria & Alfred Waterfront*

der Südafrika-Reise ist zweifellos der berühmte *Kruger National Park* im Nordosten. Die ›Big Five‹ – Löwe, Nashorn, Leopard, Elefant und Afrikanischer Büffel – sowie das Erlebnis echt afrikanischer Wildnis sind unvergessliche Attraktionen.

Auf den ersten Blick unspektakulär, für den Besucher aus dem zersiedelten Mitteleuropa jedoch immer wieder beeindruckend, sind die fast menschenleeren Gebiete im **Landesinneren**. Ob im Freistaat, im Nord-Kap oder in der Limpopo-Provinz: Die Autofahrt auf Straßen, die sich am Horizont zu verlieren scheinen, vermittelt ein überwältigendes Gefühl von *Freiheit*. In der Ferne ist allenfalls da und dort eine Bergkette auszumachen, den Straßenrand säumen nur Farmzäune und klapprige Windräder, die das kostbare Wasser aus der Tiefe der Erde holen.

Kulturgenuss aus 101 verschiedenen Wurzeln

Besonders die großen Städte warten mit einem vielfältigen kulturellen Leben auf, das aus dem einzigartigen Nebeneinander unterschiedlichster Ethnien in diesem Land entsteht. Während sich in Johannesburg Musik und Kunst der Schwarzen studieren lassen, bietet Kap-

stadt nicht zuletzt die Kultur der Kapmalaien und der Farbigen, fasziniert in Durban diejenige der Inder.

Der begnadete Jazztrompeter *Hugh Masekela*, der sein Instrument einst von dem berühmten Louis Armstrong geschenkt bekam, der unvergessene langjährige Direktor des Stuttgarter Balletts *John Cranko* und der Dramatiker *Athol Fugard* mit seinen apartheidkritischen Theaterstücken – sie und viele andere mehr repräsentieren das beachtliche kulturelle Niveau am Südzipfel Afrikas.

Ein Reiseland im Aufwind

Nach der Freilassung *Nelson Mandelas* im Jahre 1990 und dem anschließenden Ende der rassistischen Apartheidpolitik wurde Südafrika zu einem **Top-Reiseziel**. Eine durchwegs gute Infrastruktur ermöglicht komfortables Reisen selbst in entlegenste Gegenden des Landes. Zwar ist das öffentliche *Verkehrssystem* seit der Fußball Weltmeisterschaft 2010 verbessert worden, doch sollte man nicht vergessen, dass das Land immerhin in Afrika liegt, auch wenn das beim *Sundowner* mit Chopin-Musik im Kapstädter Mount Nelson Hotel auch anders erscheint.

Südafrikas Tourismusindustrie boomt trotz hoher Kriminalität in den Großstädten. Das gute bis sehr gute Angebot an Hotels und Restaurants kann sich sehen lassen. Die Palette reicht vom Luxushotel über die Wild Life Logde in Wildreservaten und dem Rest Camp im National Park

bis hin zum rustikalen Bed & Breakfast und dem Guest House. Auch Campen ist in Caravanparks möglich.

Der Reiseführer

Dieser Band stellt Südafrika in *neun Kapiteln* vor. Die Einteilung ergibt sich aus den neun Provinzen des Landes. Auf vier Sonderseiten stellen wir Ihnen ›Tipps für cleveres Reisen‹ vor und geben Ihnen, wenn Sie mit Kindern unterwegs sind, ›Tipps für die ganze Familie‹. Auf besondere Höhepunkte bei Sehenswürdigkeiten, Hotels, Restaurants, Nationalparks, Stränden, Botanikwundern und Wanderungen etc. verweisen die **Top Tipps**. Sie sind auf der Umschlagklappe aufgelistet und im Text zu finden. Den Besichtigungspunkten sind die **Praktischen Hinweise** mit Tourismusbüros, Hotels und Restaurants angegliedert. **Übersichtskarten** und **Stadtpläne** erleichtern die Orientierung. Auf den letzten Seiten informiert **Südafrika aktuell A bis Z** über Anreise, Essen und Trinken, Einkaufen, Festivals, Unterkunft und Verkehrsmittel. Hinzu kommt ein **Sprachführer**. Ein **Kaleidoskop** interessanter Kurzessays zu speziellen Südafrikathemen rundet den Reiseführer ab.

Links: *Jazz und gute Stimmung an der Victoria & Alfred Waterfront in Kapstadt*
Links unten: *Landschaft wie im Bilderbuch – die Drakensberge in KwaZulu-Natal*
Oben: *Spaß und Erholung – Plettenberg Bay mit Beacon Island Southern Sun Hotel*
Unten: *Wildlife echt hautnah – Löwinnen im Kruger National Park*

8 Tipps
für cleveres Reisen

1 Diebische Affen am Kap

Niedlich sind sie schon, die Paviane am Kap der Guten Hoffnung. Aber seien Sie vorsichtig: Wenn sie sich angegriffen fühlen, können die sonst friedlichen Tiere aggressiv werden. Süßigkeiten sollten, vor allem von Kindern, hier besser nicht mitgeführt werden, um erst gar keine Begehrlichkeiten bei den Affen zu provozieren. Behalten Sie auch Ihr Handgepäck gut im Blick, denn die Paviane sind diebisch veranlagt: Immer wieder machen sich die flinken Strauchdiebe mit Sonnenbrillen oder Kameras aus dem Staub.

2 Zu Pferd durch die Weinberge

Mit ›Wine Valley Horse Trails‹ können Sie gemütlich auf dem Rücken geduldiger Pferde oder in Pferdekutschen vom schönen ›Rhebokskloof Wine Estate‹ aus die ›Paarl Nature Reserve‹ erkunden, mit grandiosen Ausblicken auf die ›Du Toitskloof Mountains‹ im Westen und den Tafelberg im Süden. Auch dreistündige Strandritte an der Küste von Kapstadt und in die mächtigen Sanddünen sind möglich, mit tollem Ausblick auf Cape Point, False Bay und Hangklip. Tipp: Michelle und Gavin trainieren Pferde für Filmstunts. Fragen Sie nach, ob Sie dabei zusehen können. *www.horsetrails-sa.co.za*

3 Vorsicht bei illegalen Diamanten

Im oft von Seenebel umhüllten Port Nolloth (→ S. 49), ganz im Nordwesten, werden mit riesigen ›Staubsaugern‹ Diamanten vom Grund des Meeres geholt. Sollte Ihnen ein Taucher Diamanten zum Schnäppchenpreis anbieten, Finger weg! Der Handel ist illegal, denn die teuren Klunker dürfen in Südafrika nur an den Monopolisten De Beers verkauft werden, und Sie könnten an einen Undercover-Agenten der Diamantenpolizei geraten. Außerdem entpuppen sich die vermeintlichen ›Diamanten‹ nicht selten als Bleikristall.

Luxus am Traumstrand 4

Subtropisch warmes Wasser umspült die weiten makellos weißen, von wilden Feigenbäumen gesäumten Sandstrände der ›Rocktail Bay‹ im Maputaland (→ S. 82), ganz im Nordosten Südafrikas. In mondlosen Nächsten krabbeln zwischen November und Ende Februar mächtige Lederschildkröten an Land, um im Sand ihre Eier zu verbuddeln. Vor der Küste liegen die einzigen Korallenriffe des Landes mit fast völlig unberührten Tauchgründen. In dieser Traumlage bietet die im Küstenwald versteckte ›Rocktail Bay Lodge‹ eine der exklusivsten Stranderfahrungen Südafrikas. *www.rocktailbay.com*

5 Surfen mit Panorama

›Dolphin Beach‹ bei Bloubergstrand (→ S. 24) gilt als eines der besten Reviere der Welt für Kiteboarding, auch Kitesurfen genannt – mit herrlichem Blick auf den Tafelberg. Statt eines Segels wird ein Windschirm für die Fortbewegung verwendet. Der Sportler befindet sich dabei auf einer Art Surfbrett. An der False Bay sind Sunrise Beach bei Muizenberg und Glencairn besonders beliebt. ›Windswept‹ verleiht die Boards und gibt Kite-Unterricht und Training für Lehrer. *www.windswept.co.za*

Abseilen am Tafelberg 6

Direkt unterhalb der Gipfelstation der auf den Tafelberg von Kapstadt (→ S. 18) führenden Seilbahn wurde die mit 112 Meter höchste kommerzielle Abseilmöglichkeit in Südafrika geschaffen. Nervenkitzel pur ist angesagt! Die Aussicht ist grandios – einen aufregenderen Blick über Kapstadt gibt es nicht. Bei Wind steht die Seilbahn still und abgeseilt wird auch nicht. *www.abseilafrica.co.za*

7 Kochkunst in der Wildnis

Das Restaurant ›Serendipity‹ wäre schon seiner spektakulären Lage in Wilderness (→ S. 42) wegen ein ›Glückstreffer‹, doch was die charmante Gastgeberin Lizelle an Köstlichkeiten der südafrikanischen Küche auftischt, ist wirklich bemerkenswert. Die Karte variiert je nach Saison, auf den Teller kommen Köstlichkeiten wie Duo vom Strauß im eigenen Saft, Kudu-Filet mit Linsenragout oder gegrillter Kap-Lachs. Falls ›Eland-Steak‹ auf der Karte steht: Es handelt sich dabei um Fleisch von der Elenantilope. Hausherr Rudolf serviert dazu garantiert den richtigen Wein. *www.serendipitywilderness.com*

Luxus auf Schienen 8

Der seit 1946 zwischen Kapstadt und Pretoria/Tshwane verkehrende Luxuszug ›Blue Train‹ ist Eisenbahnfreunden ein Begriff. Es gibt aber noch eine Steigerung: Die Fahrt mit ›Rovos Rail‹ in einem noch luxuriöseren, von Loks aus dem 19. Jahrhundert gezogenem Nostalgiezug ›The Pride of Africa‹, der wöchentlich von Kapstadt nach Pretoria/Tshwane und ein bis zweimal im Monat weiter zu den Victoria Falls in Zimbabwe fährt. *www.rovos.co.za*

8 Tipps
für die ganze Familie

1 Mit Pinguinen am Strand

In der von Felsen geschützten Bucht von ›Boulders Beach‹ ist die größte Kolonie von Afrikanischen Pinguinen Südafrikas beheimatet, und die schwimmen hier so gern wie die Menschen, flitzen am Strand den Badenden um die Füße oder setzen sich sogar auf das Badetuch. Füttern oder Anfassen darf man sie allerdings nicht. *Boulders Visitor Centre, südlich von Simon's Town, Tel. 021/786 23 29, www.sanparks.org. Tgl. 9–17 Uhr. Eintritt Erwachsene rd. 55 Rand, Kinder rd. 25 Rand.*

2 Wunderland zweier Ozeane

Das ›Two Oceans Aquarium‹ (→ S. 24)‹ in Kapstadt hat nicht nur Nemo und seine bunten Freunde zu bieten, sondern auch bizarre Tiere wie Doktorfische mit ›Skalpellen‹ an der Schwanzspitze, gescheckte Netzmuränen und biolumineszierende Quallen. Am aufregendsten sind Haie und Stachelrochen, die alle ganz harmlos tun – bis zur Fütterungszeit! *Dock Road, V&A Waterfront, Cape Town, Tel. 021 418 3823, www.aquarium.co.za. Tgl. 9.30–18 Uhr. Erwachsene rd. 125 Rand, Kinder rd. 60–97 Rand, unter 4 Jahren frei.*

3 Wissenschaft ganz spielerisch

Das ›Cape Town Science Centre‹ beschäftigt die grauen Zellen kleiner Einsteins mit coolen Experimenten und 250 interaktiven Exponaten, von der Replik einer Sojus-Raumkapsel bis hin zu einem Raum voller Lego-Steine, mit denen man auch Raumkapseln bauen kann. In den Ferien werden spannende Workshops und Wissenschaftsshows angeboten. *370B Main Road, Observatory, Cape Town, Tel. 021/300 32 00, www.ctsc.org.za. Mo–Sa 9–16.30, So 10–16.30 Uhr. Eintritt rd. 40 Rand, unter 3 Jahre frei.*

Bootsfahrt durch die Wiege der Menschheit 4

Das Informationszentrum des ›Cradle of Human-kind‹ in Maropeng ist auch für Kinder informativ. Am aufregendsten wird die interaktive Unterwasserbootsfahrt sein, auf der man eine Zeitreise durch die Schöpfungsgeschichte der Erde unternimmt. Fossilienjäger sollten eine Tour durch die Höhlen von Sterkfontein unternehmen. *Maropeng Visitor Centre, Tel 014/577 90 00, www.maropeng.co.za. Tgl. 9–17 Uhr. Erwachsene rd. 145 Rand, Kinder 4–14 Jahre 82 Rand. Sterkfontein Caves: Erwachsene rd. 150 Rand, Kinder rd. 88 Rand. Kombitickets erhältlich.*

5 Rambazamba in Ratanga

Besonders in den Schulferien geht im Themenpark ›Ratanga Junction‹ die Post ab: Kein Wunder bei über zwanzig aufregenden Fahrgeschäften wie ›The Cobra‹, ›Monkey Falls‹ oder ›Diamond Devil‹! Für den abenteuerlichen ›Slingshot‹ wird sogar ein Extrapreis von rd. 55 Rand per Fahrt verlangt. Es gibt aber auch weniger nervenkitzelnde Attraktionen und Shows. *Century Boulevard, Century City, Tel. 021/550 85 04, www.ratanga.co.za. Öffnungszeiten variieren nach Saison und Andrang. Personen über 1,3 m rd. 172 Rand, darunter rd. 85 Rand. Eintritt ohne Fahrgeschäfte 60 Rand.*

6 Ritt auf dem Elefanten

Der berühmteste Nationalpark des Landes organisiert speziell auf die Bedürfnisse von Selbstfahrerfamilien mit Kindern ausgerichtete Safaris. Sehr beliebt ist das ›4 Day Kids Elephant Adventure Package‹, bei der Kinder Elefanten kennenlernen und auf ihnen durch den Kruger Nationalpark reiten, aber auch die anderen vier der ›Big Five‹ hautnah erleben können. Im Angebot sind auch ein Tree Top Trail, eine Kletterwand und Ziplines. *www.krugerpark.co.za*

Begegnung mit Walen und Delfinen 7

Mit dem renommierten Veranstalter ›Ocean Blue Adventures‹ kommt man von Juli bis November (am besten August bis Oktober) auf zweistündigen Ausflügen den Südlichen Glattwalen und Buckelwalen in der Plettenberg Bay nahe, wobei Wert auf schonenden Umgang mit den Meeressäugern gelegt wird. Im Sommer verlegt man sich auf Delfine. Außerdem werden Ihre Sprösslinge Haie und Robben sehen. *Hopwood Street, Central Beach, Plettenberg Bay, Tel. 027/44 533 50 83, www.oceanadventures.co.za.*

8 Trommeln im Drumshack

Welches Kind will nicht mal kräftig auf die Trommel hauen? Jeden Sonntagmorgen veranstaltet das ›African Drumshack Entertainment‹ in Morningside bei Durban (→ S. 75) Trommelsessions, und auch Ihr Sprössling ist herzlich eingeladen, in einem ›Djembe Drumming Circle‹ mitzumischen. Das geht ganz spontan, ohne Reservierung, und eignet sich bestens, Anflüge von schlechter Laune im Urlaub zu vertreiben. *9 Jacko Jackson Drive, Morningside, Durban, Tel. 083/704 48 79, www.drumshack.org.*

Unterwegs

Atemberaubender Blick vom Tafelberg, dessen Gipfel man seit 1929 auch mit einer Seilbahn erreichen kann

West-Kap – vom Zauber Kapstadts zu saftigen Weinbergen und atemberaubenden Küsten

Die Provinz West-Kap zieht die meisten ausländischen Besucher innerhalb Südafrikas an. Dies ist auch kein Wunder, denn mit der Metropole **Kapstadt**, die den weißen Südafrikanern als Mutterstadt gilt, der wunderschönen **Kap-Halbinsel**, den herrlichen Weinanbaugebieten rund um **Stellenbosch**, der berühmten **Garden Route** entlang der Südküste sowie der kulturellen Vielfalt ist sie ein faszinierendes Urlaubsgebiet. Wassersportenthusiasten finden hier ebenso vielfältig Gelegenheit zu Aktivitäten wie alle Naturliebhaber, die auf Wanderwegen den *Tafelberg* erklimmen oder *Wale* beim Kalben in unmittelbarer Küstennähe beobachten wollen.

1 Kapstadt

Traumstadt am Fuße des Tafelbergs.

Kapstadt, englisch *Cape Town*, afrikaans *Kaapstad*, schmiegt sich in traumhafte Landschaften. Beschirmt von dem blau schimmernden Massiv des Tafelbergs und eingerahmt von *Devil's Peak, Signal Hill* und *Lion's Head*, ist Kapstadt die berühmte ›Taverne der Meere‹, einstmals ein lebenswichtiger Zufluchtsort für Seeleute. Während Großstädte wie Johannesburg oder Durban in den letzten Jahren immer sicherer wurden, stieg die Anzahl an Gewaltverbrechen in Kapstadt deutlich an. Daher sollten Sie bei Ausflügen in der Stadt und im Umland wachsam sein (Sicherheitshinweise S. 130), und sich beim Hotelpersonal über die Gegenden informieren, die sie besuchen.

Geschichte Ausgrabungsfunde nördlich von Kapstadt stützen die Vermutung, dass es schon den Phöniziern gelungen sein muss, jenes Kap zu umrunden, dem der portugiesische Entdecker **Bartholomeu Diaz** im Jahre 1488 die Bezeichnung

Panorama ohnegleichen: der Anblick Kapstadts mit Signal Hill, Lion's Head (vorne) und Tafelberg (hinten) aus der Luft

18

Kap der Stürme gegeben hatte. Bald darauf wurde das Felsenende in Kap der Guten Hoffnung umbenannt, und **Sir Francis Drake** sprach 1580 vom ›schönsten Ende der Welt‹.

Die Geburtsstunde Kapstadts schlug am 6. April 1652, als der in den Diensten der niederländischen Ostindien-Kompanie stehende **Jan van Riebeeck** in der Tafelbucht Anker warf. Nachdem er an Land die holländische Fahne gehisst hatte, begann er mit dem Bau eines *Forts*, für die Versorgung seiner Mannschaft legte er einen *Gemüsegarten* an. Der Tafelberg, der an klaren Tagen aus 200 km Entfernung vom Meer her auszumachen ist, lud bald wie ein gigantisches Gasthausschild zur Einkehr ein, denn das Kap bot Schutz bei stürmischer See sowie frisches Fleisch, Gemüse, Obst und Wein.

Bereits vor der Landung der Holländer hatten Menschen im Schatten des Tafelbergs gelebt. Hirten der **Khoikhoi** hüteten Schafherden und die **San** jagten Wild.

Zunächst 1795 und endgültig ab 1806 war Kapstadt Sitz der britischen Kapkolonie. Im Zweiten Weltkrieg bildete die Stadt für die **Briten** eine strategisch wichtige Marinebasis. In den 1980er-Jahren ging diese Bedeutung Kapstadts jedoch zurück. Heute verfügt die Stadt über einen wichtigen Exporthafen vor allem für Wein und Zitrusfrüchte.

Nach dem Ende der Apartheid zu Beginn der 1990er-Jahre und der Aufhebung internationaler Wirtschaftssanktionen erlebte der **Tourismus** in der Region Kapstadt einen Aufschwung. Doch nach wie vor hat die Stadt mit den Problemen Kriminalität, Korruption und AIDS zu kämpfen. Vor allem die Korruption hat zu Unmut gegenüber dem regierenden African National Congress (ANC) geführt.

Von der Adderley Street zur Government Avenue

Ein guter Ausgangspunkt für einen Stadtrundgang ist die Adderley Street. Sie ist die Haupteinkaufsstraße Kapstadts, benannt nach *Sir Charles Adderley*, dem es 1850 gelang, die Einrichtung einer Strafkolonie am Kap zu verhindern. An ihrem

Freundliche Blumenverkäuferin an der Adderley Street

nördlichen Ende liegt die *Cape Town Central Station*, von wo sowohl die Fernzüge ins Landesinnere als auch die Vorortbahnen etwa zu den Stränden an der False Bay abfahren. In unmittelbarer Nähe des Hauptbahnhofs lädt an der Ecke Adderley/Strand Street das Einkaufszentrum **Golden Acre** ❶ (www.facebook.com/GoldenAcreShoppingCentre) zum Stöbern und Verweilen ein. Bei den Arbeiten an dem 1978 fertig gestellten Komplex wurden Reste eines Wasserreservoirs aus dem Jahre 1663 freigelegt und in die moderne Architektur integriert.

An bunten Blumenständen vorbei erreicht man rund 300 m stadteinwärts die **Groote Kerk** ❷ von 1799, eine der ältesten Kirchen Südafrikas. Sie gilt zugleich als Urzelle der einflussreichen holländisch-reformierten Kirche im südlichen Afrika. Die *Kanzel* ist ein Meisterwerk von Anton Anreith und Jacob Graaff. Gleich vis-à-vis stößt man auf die **Slave Lodge** ❸ (Adderley Street/Wale Street, Tel. 021/4677229, www.iziko.org.za/museums/slave-lodge, Mo–Sa 10–17 Uhr). Das 1679 als Unterkunft für 600 Sklaven errichtete Gebäude diente 1810–1967 als Sitz des Obersten Gerichtshofes. Heute ist die Slave Lodge ein interessantes Museum zur Geschichte der Sklaverei in Südafrika, das u.a. mittels multimedialer Technik versucht, die Lebensumstände der Sklaven in ebendiesem Gebäude zu veranschaulichen. Im Innenhof stehen die Grabsteine Jan van Riebeecks und seiner Frau Maria.

Neben dem Museum befinden sich die **Houses of Parliament** ❹ (120 Plein Street, Tel. 021/4032266, Führungen Mo–Do 9, 10, 11, und 12, Fr auch 14, 15 und 16 Uhr, Tickets vorbuchen, Pass mitbringen). 1885 für die damalige Regierung der Kapkolonie errichtet, wurden die Gebäude bei Gründung der Südafrikanischen Union 1910 erstmals erweitert. Die *Bibliothek* mit der einzigartigen, 50 000 Bände umfassenden Mendelssohn-Sammlung von Afrikana sowie die *Besuchergalerie* des Parlaments sind zugänglich.

Etwa auf der Höhe der Parlamentsgebäude geht die Adderley Street in die *Government Avenue* über, die durch den von van Riebeeck gegründeten **Company's Garden** ❺ erstreckt. Ursprünglich diente die üppig grüne und schattige Anlage als Gemüsegarten, der den ersten Siedlern frische Produkte lieferte und die in der Tafelbucht ankernden Schiffe mit neuen Vorräten versorgte. Heute erfreuen sich an dem reizvollen Botanischen Garten Einheimische wie

In den Houses of Parliament tagt zwischen Januar und Juni die Regierung Südafrikas

Plan hintere Umschlagklappe **1** Kapstadt

Kunsttempel in reizvoller Parklandschaft – die South African National Gallery am Ostrand von Company's Garden ist unbedingt einen Besuch wert

Touristen und die zahlreichen dort lebenden Eichhörnchen gleichermaßen.

Museumsbesuche in Gardens

Östlich der Government Avenue beginnt der Bezirk Gardens, der mit drei sehenswerten Museen aufwarten kann. Die **South African National Gallery** ❻ (Government Avenue, Tel. 021/4813970, www.iziko.org.za/museums/south-african-national-gallery, tgl. 10–17 Uhr) lockt mit einer Kollektion von ca. 6500 Arbeiten südafrikanischer, britischer, niederländischer und französischer Künstler. Einige der wertvollsten Stücke stiftete der Politiker *Abe Bailey*, der sich als ›Randlord‹ und Rebell gegen Präsident Paul Krüger (1825–1904) einen Namen gemacht hatte. Zeitgenössische südafrikanische Kunst wird in regelmäßigen Wechselausstellungen präsentiert.

An der St. John's Street erheben sich die im Stil der Neorenaissance erbaute imposante *Große Synagoge* mit ihren beiden charakteristischen Türmen und daneben die *Alte Synagoge* von 1863, in der die ersten jüdischen Gottesdienste in Südafrika stattfanden. Heute beherbergt sie das **South African Jewish Museum** ❼ (88 Hatfield Street, Tel. 021/4651546, www.sajewishmuseum.co.za, So–Do 10–17, Fr 10–14 Uhr) mit einer Sammlung von Kultgegenständen und historischen Dokumenten zur Geschichte der Juden am Kap. Seit 1999 befindet sich hier auch ein **Holocaust Centre** (88 Hatfield Street, Tel. 021/4625553, www.ctholocaust.co.za, So–Do 10–17, Fr 10–14 Uhr) mit Gedenkstätte nicht nur für die von den Nationalsozialisten ermordeten Juden, sondern auch für Sinti, Roma, Homosexuelle und Zeugen Jehovas. Das Museum macht außerdem auf den deutschen Widerstand gegen Hitler aufmerksam, der hier mit den Namen Martin Niemöller, Oskar Schindler und der ›Weißen Rose‹ verknüpft wird.

An das südliche Ende von Company's Garden schließt sich der Komplex des **South African Museum** ❽ (25 Queen Victoria Street, Tel. 021/4813800, www.iziko.org.za/museums/south-african-museum, tgl. 10–17 Uhr) an. In der Sammlung wird die Entwicklungsgeschichte der Menschen in Afrika von der Steinzeit bis zur Ankunft der Weißen am Kap dargestellt. Eindrucksvoll ist die Präsentation ethnischer Gruppen, einschließlich lebensgroßer Kleiderpuppen der Khoisan. Zu dem Museumsgelände gehört auch ein **Planetarium** ❾ (25 Queen Victoria Street, Tel. 021/4813900, www.iziko.org.za/museums/planetarium), in dem audiovisuelle Shows u. a. über die Veränderungen des südlichen Sternenhimmels im Jahresverlauf informieren.

Long Street und Bo-Kaap

Die **Long Street** ❿ war zu Beginn des 20. Jh. die Kapstädter Flaniermeile zum Sehen und Gesehenwerden, zum Bummeln und Einkaufen. Heute findet sich in den teilweise viktorianischen Häusern ein Sammelsurium von Secondhandshops, Antiquitätenläden, Restaurants und Bars, dazwischen hier und dort eine Moschee für die kapmalaiische Bevölkerung. Auch die besten Antiquariate des Landes sind hier angesiedelt.

1 Kapstadt

Islamische Tagespflicht und gesellschaftliches Miteinander – zahlreiche kleine Moscheen im Bo-Kaap bieten den Kapmalaien Gelegenheit zur Ausübung ihrer Glaubensrituale

Man erreicht Bo-Kaap, dieses traditionelle Wohnviertel der Kapmalaien, auf einem Abstecher über die Wale Street, die in nordwestlicher Richtung bergan führt. Hier leben die meist muslimischen Nachkommen jener Sklaven, die einst aus Indien, Indonesien und Malaysia nach Südafrika gebracht wurden. Im Viertel spaziert man durch kleine kopfsteingepflasterte Gassen an Moscheen und bonbonfarbenen Häusern entlang. Das **Bo-Kaap-Museum** ⑪ (71 Whale Street, Tel. 021/481 39 38, www.iziko.org.za/museums/bo-kaap-museum, Mo–Sa 10–17 Uhr) dokumentiert das muslimische Erbe Kapstadts und zeigt die typische Einrichtung eines muslimischen Haushaltes im 19. Jh. Das Gebäude aus dem Jahre 1763 soll dem religiösen Führer *Abu Bakr Effendi* gehört haben, der aus dem Osmanischen Reich ans Kap gekommen war, um eine Schule für Arabisch zu eröffnen.

Zurück auf der Long Street lohnt das **Slave Church Museum** ⑫ (40 Long Street, Tel. 021/423 67 55, Mo–Fr 9–16, Sa 9–12 Uhr) einen Besuch. Hinter ihrer eindrucksvollen Fassade bietet die ehem. Missionsanstalt aus dem Jahre 1804, die ursprünglich als Schule für Sklaven diente, eine kleine Sammlung zur südafrikanischen Missionsstation.

Folgt man der Strand Street nach Westen gelangt man zu einem exzellenten Beispiel eines typischen Kapstädter Bürgerhauses des frühen 18. Jh. Das Interieur des klassizistischen **Koopmans-de Wet House** ⑬ (35 Strand Street, Tel. 021/481 39 35, www.iziko.org.za/museums/koopmans-de-wet-house, Mo–Fr 10–17 Uhr) spiegelt mit seinen Möbeln, dem Silber und Glas den Lebensstil einer wohlhabenden Kaufmannsfamilie jener Zeit wider.

Von der St. George's Mall zum Castle of Good Hope

Der Strand Street nach Osten folgend, erreicht man nach etwa 200 m die **St. George's Mall** ⑭, eine Fußgängerzone mit schönen Geschäften, Souvenirläden und Kneipen. Zwischen den Querstraßen Shortmarket und Longmarket Street liegt der **Greenmarket Square** ⑮, der beliebteste Platz Kapstadts. Er hat das Flair eines großen *Flohmarkts*. Hier gibt es fast alles zu kaufen: Kleidung, Schmuck, Kunsthandwerk, Lederwaren und alte Bücher. Gehandelt wurde hier schon immer, während andere, größere Plätze der Stadt ursprünglich nur zum Ausspannen der gewaltigen Ochsenwagen dienten. Rund um den Greenmarket Square findet sich auch die bedeutendste Konzentration von *Art-déco-Architektur* in Kapstadt. Vor allem das **Market House** mit seinen Verzierungen zu Themen der heimischen Fauna und Flora verdient eine besondere Erwähnung.

TOP TIPP Einen halben Kilometer weiter östlich steht das **Castle of Good Hope** ⑯ (Buitenkant St., Tel. 021/787 12 49, tgl. 9–16 Uhr, Führungen Mo–Sa 11, 12 und 14 Uhr, www.castleofgoodhope.co.za), das zwischen 1666 und 1679 auf dem Grundriss eines fünfzackigen Sterns entstand. Umgeben ist die Festung von 10 m hohen Erd- und Steinwällen. Tatsächlich blieb dieses älteste europäische Bauwerk auf südafrikanischem Boden von jeglichem Angriff verschont. Jede Zacke der Anlage ist von einer *Bastion* gekrönt, deren Name das holländische Erbe verrät: Buuren, Leerdam, Oranje, Nassau und Katzenellenbogen. Zu ihnen gehören *Lager-* und *Wohnräume* sowie unter dem Meeresniveau liegende *Kerker*. Im *Innenhof* der Anlage, die heute auch Sitz des Militärkommandos der Provinz West-Kap ist, liegt das *Kat* genannte Haus des Gouverneurs. Hier gibt die **William Fehr Collection** (Buitenkant St., Tel. 021/467 72 23, www.iziko.org.za, tgl. 9–16 Uhr) interessante Einblick in das Leben am Kap im 17. und 18. Jh.

Unweit des Castle befindet sich an der Ecke Buitenkant/Albertus Street im Gebäude der früheren Methodistenmission das eindrucksvolle **District Six Museum** ⑰ (25 A Buitenkant Street, Tel. 021/466 72 00, www.districtsix.co.za, Mo–Sa 9–16 Uhr). Es dokumentiert die Geschichte des einstigen Farbigen-Wohnviertels District Six sowie die Vertreibung seiner Bewohner als Konsequenz der Apartheid-Gesetzgebung, die diese Gegend 1966 zu einem ›weißen‹ Bezirk erklärt hatte.

Folgt man der vor dem Castle verlaufenden Buitenkant Street etwa 600 m südwärts, gelangt man zu dem Anwesen **Rust en Vreugd** ⑱ (78 Buitenkant Street, Tel. 021/481 39 03, www.iziko.org.za/museums/rust-en-vreugd, Mo–Fr 10–17 Uhr), was ›Ruhe und Freude‹ heißt. Es handelt sich hierbei um das schönste Exemplar eines Kapstädter Hauses aus dem 18. Jh. Im Inneren werden historische Gemälde, Möbel, Keramik und Glaswaren gezeigt.

Von der Heerengracht zur Victoria & Alfred Waterfront

Kurz hinter dem Hauptbahnhof, von dem regelmäßig Busse zur Victoria & Alfred Waterfront starten, geht die Adderley Street in die breite, von Palmen und Blumen gesäumte **Heerengracht** ⑲ über, die an dieser Stelle von einem *Denkmal für Jan und Maria van Riebeeck* geziert wird. In östlicher Richtung zweigt der nach einem früheren Premierminister benannte Hertzog Boulevard ab, an dem sich links der **Artscape Theatre Complex** ⑳ (D. F. Malan Street, Tel. 021/410 98 00, www.artscape.co.za) mit Kapstadts modernster Bühne und einer hervorragenden Akustik befindet. Über den Boulevard führt eine Fußgängerbrücke zum **Civic Centre** ㉑ (1978), dem Sitz der Stadtverwaltung. Dieser monströse Betonklotz repräsentiert ein Stück Monumentalarchitektur, wie sie für die späten Jahre der Apartheid typisch war.

Etwa 2 km entfernt, mit dem Bus aber bequem erreichbar, liegt das Shopping- und Vergnügungsviertel **Victoria & Alfred Waterfront** ㉒ (www.waterfront.co.za), das mit seinen zahlreichen *Geschäften*, *Boutiquen*, *Restaurants* und *Hotels* zu eine der beliebtesten Attraktionen in Südafrika ist.

Ein Highlight an der nach dem Vorbild der *Fisherman's Wharf* in San Francisco

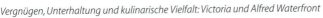

Vergnügen, Unterhaltung und kulinarische Vielfalt: Victoria und Alfred Waterfront

1 Kapstadt

Tafelbergerlebnis: mit der Panoramagondel auf das weltberühmte Hochplateau

gestalteten Amüsiermeile ist das **Two Oceans Aquarium** (Tel. 021/418 38 23, www.aquarium.co.za, tgl. 9.30–18 Uhr), das in großen Schaubassins über die Ökosysteme von Fluss und Meer informiert. Große Haie, Rochen und andere Meeresbewohner sind hier aus nächster Nähe zu bestaunen. Inhaber eines Tauchscheins dürfen gegen eine Gebühr sogar mit den Haien tauchen.

TOP TIPP Für Besucher zugänglich ist die Gefängnisinsel **Robben Island** (Tel. 021/409 51 00, www.robben-island.org.za, Fähren Richtung Robben Island ab Kapstadt tgl. 9, 11, 13 und 15 Uhr, bei Bedarf auch öfter) in der Tafelbucht, auf der Nelson Mandela 18 Jahre als politischer Gefangener verbrachte. Auch seine Zelle ist zu besichtigen. Obwohl zahlreiche Anbieter an der Jetty 1 der Waterfront Tickets für die Überfahrt zur Insel verkaufen, sollte man ausschließlich bei der *Nelson Mandela Gateway* buchen, die der einzige offizielle Anbieter des insgesamt dreieinhalbstündigen Ausflugs ist, der die Überfahrt und von ehemaligen Häftlingen geleitete Führungen auf der Gefängnisinsel beinhaltet.

Tafelberg und Bloubergstrand

Von der Terrasse eines der vielen Restaurants an der Waterfront lässt sich **TOP TIPP** das einmalige Panorama des **Tafelbergs** 23 bei klarem Wetter wunderbar genießen. Doch auch hinauf auf das Hochplateau des Berges sollte man wenigstens einmal an einem wolkenfreien Tag, um eine der spektakulärsten Aussichten der Welt zu erleben. Auf das 1086 m hohe Wahrzeichen der Stadt führt eine ganze Reihe von *Wanderwegen* der unterschiedlichsten Schwierigkeitsgrade (s. Sicherheitshinweise im A-Z-Teil) sowie die schnelle *Seilbahnverbindung* (Tel. 021/424 81 81, www.tablemountain.net) mit Panoramagondel, die von der Talstation *Kloof Nek* startet. Vor dem Einkaufszentrum Golden Acre in der Adderley Street fahren die Busse zur Haltestelle Kloof Nek ab. Von dort verkehrt ein Zu-

Großartig und unvergesslich: der Anblick des Tafelbergs von Bloubergstrand aus

Plan hintere Umschlagklappe **1** Kapstadt

Robben Island – Südafrikas Alcatraz

Rund 3,5 mal 2 km misst die 11 km von Kapstadt entfernte Insel Robben Island (s. S. 24), die im Winter oft stürmisch von den eisigen Fluten des Südatlantiks umtost wird. Das nach den vielen dort lebenden Robben benannte Eiland diente der in Kapstadt ansässigen niederländischen Ostindien-Kompanie ab dem 17. Jh. als **Gefängnis** für aufrührerische Khoikhoi. Einer von ihnen, **Harry der Strandloper**, ist der Einzige, dem die Flucht von dem Felsenkerker gelang. Im 18. Jh. internierte die Kompanie dort die ›Dissidenten‹ ihres Machtbereichs: malaiische Prinzen, muslimische Geistliche, Chinesen, Madegassen, Sklaven, Piraten und Räuber.

Im 19. Jh., nachdem das Kap endgültig an die Briten gefallen war, wandelte sich Robben Island zu einer **Leprastation**. Auf der Insel fristeten ferner Geisteskranke ihr Leben oder aber Menschen, welche die feine Kapstädter Gesellschaft für solche hielt: Prostituierte, Trinker und Kriminelle.

1961 wurde ein **Hochsicherheitstrakt** für Apartheidgegner eingerichtet, der 1964 um einen Isolierblock erweitert wurde. **Nelson Mandela** war der prominenteste Häftling. Heute ist Robben Island nationale Gedenkstätte und Museum. Seit 1999 zählt es zum UNESCO Weltkulturerbe der Menschheit.

Zelle Nelson Mandelas auf Robben Island

bringerbus direkt zur Seilbahnstation. Direkt an der Station hält auch der rote City Sightseeing Bus, der im Hop on-Hop off-Verfahren 18 Stationen in der Stadt anfährt. Mit *Abseil Africa* (Long Street, Tel. 021/424 47 60, www.abseilafrica.co.za) können sich Nervenstarke aus rund 1000 m Höhe unweit des Tafelbergs abseilen.

TOP TIPP Der 25 km nördlich der Stadt an der Westküste gelegene Ort **Bloubergstrand** 24 bietet die wohl eindrucksvollste Gesamtansicht von Tafelberg und Kapstadt. Vielleicht hat man zudem das Glück und sieht das *Tafeltuch*, jenen berühmten Wolkenschleier, der sich gelegentlich über die schroffe Felswand des Tafelbergs legt.

Kapstadt

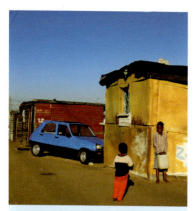

Erbstücke der Apartheidpolitik: Townships im Osten Kapstadts

Ein anderes Bild Südafrikas

Neben die geradezu klassischen Tagesausflüge von Kapstadt aus, etwa in die Weinanbaugebiete, treten seit einiger Zeit interessante von örtlichen Reiseveranstaltern organisierte **Thementouren**.

Sie berücksichtigen das kulturelle Erbe aller ethnischen Gruppen Südafrikas, die bei der bislang eurozentrischen Präsentation südafrikanischer Sehenswürdigkeiten stets zu kurz gekommen waren. So werden Touren angeboten, die den Spuren der Sklaven am Kap folgen und in das muslimisch geprägte Leben der Malaien einführen. Zu den Höhepunkten dieser Tour zählen neben dem Kapstädter Malaienviertel Bo-Kaap, dem District Six Museum und Robben Island auch die riesigen **Townships** Langa, Khayelitsha und Gugulethu am Rande der Stadt, die aus Sicherheitsgründen jedoch nur im Rahmen von Führungen besucht werden sollten. Infos:

Tana-Baru-Tours, 3 Morris Street, Tel. 021/424 07 19, tanabarutours.weebly.com

Ilios Travel, Tel. 021/534 59 94, www.ilios.co.za

Praktische Hinweise

Information

Capetown Tourism, The Pinnacle Building, Burg Street/Castle Street, Kapstadt, Tel. 021/487 86 00, www.capetown.travel

Flughafen

Cape Town International Airport (CPT), Tel. 011/723 14 00, Fluginfo: Tel. 086/727 78 88, www.acsa.co.za

Hotels

TOP TIPP *****Mount Nelson**, 76 Orange Street, Gardens, Kapstadt, Tel. 021/483 10 00, www.mount nelson.co.za. Eines der besten Häuser des Landes, traditionsreiche Luxusanlage inmitten parkähnlicher Gärten. Sonntagnachmittags Kuchenbuffet und Pianomusik.

*****Greenways**, 1 Torquay Avenue, Upper Claremont, Kapstadt, Tel. 021/761 17 92, www.greenways.co.za. Noble Eleganz in einer altehrwürdigen Villa mit wunderschönem Garten.

****Alphen**, Alphen Drive, Constantia, Kapstadt, Tel. 021/795 63 00, www.alphen.co.za. Das historische Landhaus im kapholländischen Stil ist architektonisches Nationaldenkmal, 15 Min. von der City.

****Ocean View House**, 33 Victoria Road, Kapstadt, Tel. 021/438 19 82, www.ocean view-house.com. Der Name hält, was er verspricht: Prächtige Ausblicke auf den Atlantik in elegantem Ambiente.

****Victoria & Alfred**, Victoria & Alfred Waterfront, Kapstadt, Tel. 021/419 66 77, www.vahotel.co.za. Viktorianisches Ambiente mit großzügigem Komfort am Rande des Vergnügungsviertels der Waterfront.

Kopanong, C 329 Velani Crescent, Khayelitsha Township, Kapstadt, Tel. 021/361 20 84, Mobil 082 476 12 78, www.kopanong-township.co.za. Schlichte Unterkunft in einem Township. Der Transfer zur Unterkunft ist möglich.

Maison Fontainbleau, 6 Avenue Fontainbleau, Fresnaye, Kapstadt, Tel. 021/439 29 30, www.mfontain.co.za. Hoch an den Hängen des Signal Hill gelegen mit prachtvoller Aussicht auf den Atlantik.

Mediterranean Villa, 21 Brownlow Road, Tamboerskloof, Kapstadt, Tel. 021/423 21 88, www.medvilla.co.za. Viktorianisches Haus in exotischem Garten mit Swimmingpool. Die Innenstadt ist zu Fuß erreichbar.

Restaurants

Biesmiellah, Ecke Upper Whale/Pentz Street, Kapstadt, Tel. 021/423 08 50, biesmiellah.co.za. Eines der ältesten und renommiertesten Restaurants mit traditioneller Kap-Küche. Unbedingt probieren sollte man die scharfen Eintöpfe (So geschl.)!

Panama Jacks, Ecke Quay 500/Eastern Mole Road, Kapstadt, Tel. 021/447 39 92, www.panamajacks.net. Ein Paradies für Liebhaber exotischer Meeresfrüchte.

Mama Africa, 178 Long Street, Kapstadt, Tel. 021/424 86 34, www.mamaafricarestaurant.co.za. Gemütliches Ambiente mit Speisen vom ganzen Kontinent. Köstliche Cocktails an der 12 Meter langen ›Grüne Mamba‹-Bar (So geschl.).

Oasis, 76 Orange Street, Gardens, Kapstadt, Tel. 021/483 10 00. Eines der beiden Restaurants des Mount Nelson Hotels (s. o.). Es bietet insbesondere Spezialitäten der Mittelmeerküche.

The Africa Café, 108 Shortmarket Street, Kapstadt, Tel. 021/422 02 21, www.africacafe.co.za. Kulinarische Köstlichkeiten Afrikas.

> **TOP TIPP** **The Test Kitchen**, The Old Biscuit Mill, 375 Albert Road, Woodstock, Tel. 021/447 23 37, www.thetestkitchen.co.za. Gourmet-Küche im Restaurant von Starkoch Luke Dale-Roberts. Unbedingt reservieren! (So/Mo geschl.).

2 Kap-Halbinsel

Einige der schönsten Landschaftsbilder der Erde auf engstem Raum.

Rund um die Kap-Halbinsel, vorbei an einer Reihe bedeutender Sehenswürdigkeiten, führt eine herrliche Küstenstraße, die Ausblicke auf die weite False Bay und den Atlantik eröffnet. Verlässt man das Zentrum Kapstadts ostwärts, passiert man zunächst links der N2 in Richtung Muizenberg/Airport das weltberühmte **Groote Schuur Hospital** ❶, in dem *Christiaan Barnard* 1967 die erste Herzverpflanzung am Menschen durchführte.

Etwa 2 km südlich lohnt im Stadtteil Rosebank ein Besuch des **Irma Stern Museum** ❷ (Cecil Road, Tel. 021/685 56 86, Di–Fr 10–17, Sa 10–14 Uhr, www.irmastern.co.za), in dem Bilder und Skulpturen der aus einer deutsch-jüdischen Familie stammenden Künstlerin gezeigt werden. *Irma Stern* (1904–1966), die nach ihrem Studium in Berlin nach Südafrika zurückkehrte, zählt zu den bekanntesten südafrikanischen Künstlern des 20. Jh.

Südwestlich schmiegen sich an die Hänge des Tafelbergs die **Kirstenbosch National Botanical Garden** ❸ (Rhodes Drive, Tel. 021/799 87 83, www.sanbi.org, Sept.–März tgl. 8–19 Uhr, April–Aug. 8–18 Uhr). Etwa 6000 Pflanzenarten werden hier kultiviert, einschließlich alter Zykaden, vieler Arten von Proteen, Erika, Pelargonien und Farnen. In Themenspaziergängen kann man die Blumen, Sträucher und Bäume des Gartens näher kennenlernen.

Weiter südlich schließt sich die **Constantia Wine Route** ❹ (www.constantiawineroute.co.za) an. Erste Station auf dieser traditionsreichen Weinroute ist *Constantia*, eines der ersten Weinanbaugebiete im westlichen Kapland. Das südlich benachbarte Weingut *Groot Cons-*

Stimmungsvolles Ambiente: Victoria & Albert Waterfront mit dem Tafelberg als Kulisse

Kap-Halbinsel

Die Blütenschönheit Südafrikas auf einen Blick: Kirstenbosch Botanical Gardens

tantia (Groot Constantia Estate, Tel. 021/795 51 40, tgl. 10–17 Uhr, www.iziko.org.za/museums/groot-constantia-manorhouse) ist das älteste und wohl berühmteste in Südafrika. Das 1685 erbaute Herrenhaus und der später angefügte ebenerdige Weinkeller zählen zu den schönsten Beispielen kapholländischer Architektur im Lande. Zu besichtigen sind das mit alten Möbeln eingerichtete Wohnhaus sowie das Weinmuseum. Wer möchte, kann auf dem Gut produzierten edlen Tropfen probieren und kaufen. Berühmt für seine guten Weine und sein elegantes Restaurant (Tel. 021/794 35 22) ist das nahe Gut *Buitenverwachting* (Klein Constantia Road, Tel. 021/794 51 90, www.buitenverwachting.com, Nov–März Mo–Sa 9–21 Uhr (So geschl.), April–Okt Di–Sa 9–21 (So/Mo geschl.), das wie Groot Constantia inmitten der Weinberge liegt.

Vorbei an den Badeorten **Muizenberg** und **Fish Hoek** gelangt man entweder im Auto oder mit der Vorortbahn entlang der herrlichen *False Bay* zu dem Marinestützpunkt **Simon's Town** ❺, dessen Hauptstraße von zahlreichen Häusern im viktorianischen Stil gesäumt wird. Die nahe gelegene Bucht *The Boulders* bietet mit den sich hier tummelnden Brillenpinguinen eine besondere Attraktion für Tierfreunde. Schöne Plätze zur Walbeobachtung besitzt die False Bay Whale Route (www.whaleroute.com), zu der auch Simon's Town gehört.

Die Südspitze der Halbinsel – nicht zu verwechseln mit der Südspitze Afrikas, die sich 200 km weiter südöstlich am Kap Agulhas befindet – nimmt das **Cape of Good Hope Nature Reserve** ❻ ein (Tel. 021/780 90 10, www.capepoint.co.za, Okt.–März tgl. 6–18, April–Sept. tgl. 7–17 Uhr), ein Naturschutzgebiet, in dem Paviane, Antilopen, zahlreiche Vogel- und Reptilienarten leben. Die Landschaft in der Umgebung vom **Cape of Good Hope**, Kap der

Kap-Halbinsel

Guten Hoffnung, und des **Cape Point** zeigt sich im Frühling von ihrer schönsten Seite, wenn sie von einem bunten Blütenteppich verzaubert wird. Vom Parkplatz am Cape Point werden die Besucher mit einer Standseilbahn zum *Leuchtturm* hinaufgebracht, von wo sich bei klarem Wetter ein fantastischer Rundblick über den Atlantik, die False Bay und die östliche Seite der Kap-Halbinsel bis hinauf nach Muizenberg eröffnet.

Zurück über Simon's Town führt der Weg nach Noordhoek auf der Westseite der Halbinsel. Hier beginnt der 10 km lange **Chapman's Peak Drive** ❼, eine in den Fels getriebene Maut-Küstenstraße, die fraglos zu den eindrucksvollsten ihrer Art auf der Welt gehört. Am nördlichen Ende dieser Strecke liegt der kleine, geschäftige Ferienort **Hout Bay** ❽, der mit seiner Flotte bunter Fischerboote einen malerischen Anblick bietet. Ein Anziehungspunkt für Liebhaber von frischen Meeresfrüchten ist die an der Bucht gelegene *Mariner's Wharf*. Ein interessanter Ausflug nicht nur für Tierfreunde ist die Bootsfahrt zum vorgelagerten *Duiker Island*, das im Sommer Tausende von Kap-Robben, Kormoranen und Möwen bevölkern.

TOP TIPP Geradezu kitschig-schön präsentiert sich der Ort **Llandudno** ❾ mit seinen hübschen Villen und ansehnlichen Apartmenthäusern in einer winzigen Sandbucht, die zu einem Bad im allerdings meist recht kalten Atlantik einlädt.

Herrliche Bademöglichkeiten eröffnen zu Füßen der Zwölf Apostel-Berge auch *Camps Bay* und *Clifton*, die zu den beliebtesten und teuersten Stadtteilen von Kapstadt gehören. Sie liegen im Südwesten der Stadt und verfügen über weiße, feinsandige Strände.

Praktische Hinweise

Information

Cape Town Tourism South,
The Pavillion, Beach Road, Muizenberg,
Tel. 021/787 91 40, www.capetown.travel

Kirstenbosch Visitor Information Center,
Kirstenbosch National Botanical Garden,
Tel. 021/762 06 87, www.capetown.travel

Hotels

*****Lord Nelson Inn**, 58 St. Georges Street, Simon's Town, Tel. 021/786 13 86,

Der Chapman's Peak Drive, der sich eng an den Felsen entlangwindet, zählt mit seinen atemberaubenden Ausblicken zu den schönsten Küstenstraßen der Welt

2 Kap-Halbinsel

Sandstrandidylle der Kap-Halbinsel – der Seebadeort Llandudno zu Füßen der ›Zwölf Apostel‹ besitzt eine kleine, von Klippen geschützte Traumbucht

www.lordnelsoninn.co.za. Zehn schöne Ensuite-Zimmer, ein À-la-carte-Restaurant und ein gemütlicher Pub sorgen für eine freundliche Atmosphäre.

Froggs Leap, 15 Baviaanskloof Road, Hout Bay, Tel. 021/790 25 90, www.froggsleap.co.za. Dieses Strandhotel bietet Möglichkeiten zum Surfen, Wandern und Mountainbiking.

Toad Hall, 9 A. B. Bull Road, Froggy Farm, Simon's Town, Tel. 021/786 38 78, www.toad-hall.co.za. Am Berghang mit weitem Blick über die False Bay, Walbeobachtung in der Saison im Sept./Okt.

Restaurants

TOP TIPP Black Marlin, Millers Point, Tel. 021/786 16 21, www.blackmarlin.co.za 2 km südl. von Simon's Town Richtung Cape Point. Bekanntes Fischrestaurant an der False Bay, Austern und Saldanha-Muscheln.

Camel Rock, Main Road, Scarborough, Tel. 021/780 11 22. Rustikales Restaurant, spezialisiert auf Meeresfrüchte und vegetarische Kost. Im Sommer kann man an Holztischen auf der weinumrankten Terrasse sitzen (Di geschl.).

Kitima Kronendal, Kronendal Estate, 140 Main Road, Hout Bay, Tel. 021/790 80 04, www.kitima.co.za. Exquisite Thai-Küche, serviert in einer vornehmen kapholländischen Umgebung (Mo geschl.).

Jonkershuis, Groot Constantia Wine Estate, Constantia, Tel. 021/794 62 55, www.jonkershuisconstantia.co.za. Im kapholländischen Stil mit traditioneller Kapküche – entweder im Haus oder unter alten Eichen. Hauseigene Weine.

3 Stellenbosch

Traditionsreiches Zentrum afrikaanser Kultur.

Gegründet im Jahre 1679, ist Stellenbosch die zweitälteste Stadt des Landes. Ursprünglich diente die 50 km von Kapstadt entfernte Siedlung als Versorgungsbasis für die Schiffe der niederländischen Ostindien-Kompanie in der Tafelbucht. Als Handels- und Landwirtschaftszentrum vereint sie heute mit ihren 75 000 Einwohnern die Eigenschaften einer modernen Stadt mit dem Charme einer traditionsreichen Regionalmetropole. Viele der Häuser aus dem 18. Jh. sind liebevoll restaurierte Nationaldenkmäler. Seit 1918 ist Stellenbosch auch Sitz einer Universität. Heute ist es aufgrund seines Baumbestandes als ›Stadt der Eichen‹ bekannt. Die umliegenden fruchtbaren

3 Stellenbosch

Täler liefern zudem hervorragendes Obst und ebensolche Weine.

Einen guten Eindruck von der kaphollländischen Architektur der Stadt vermittelt der zentrale Platz **Braak**. Rund um eine Grünfläche, auf der früher Paraden und andere Festivitäten stattfanden, gruppiert sich eine Reihe sehenswerter Gebäude wie das **Burgerhuis** von 1797 und das **Kruithuis** von 1717, ehemals Arsenal der niederländischen Ostinden-Kompanie und ältestes erhaltenes Pulvermagazin im südlichen Afrika. Das **Stellenbosch Village Museum** (37 Ryneveldstreet, Tel. 021/887 29 48, Mo–Sa 9–17, So 10–13 (April–Aug.), 10–16 Uhr (Sept.–März), www.stelmus.co.za) versammelt typische Häuser der Jahre 1709–1850 mit originalgetreuen Interieurs.

Kenner schätzen **D'Ouwe Werf** in der Church Street als eines der ehrwürdigsten Gasthäuser Südafrikas. Im älteren Teil der Stadt gelegen, existiert dieses gastronomische Juwel etwa seit 1800. Das ursprüngliche Gebäude wurde von zwei Sklaven niedergebrannt, die dafür öffentlich gehängt wurden. Heute umfasst D'Ouwe Werf über 30 Zimmer, die geschmackvoll mit antiken Möbeln dekoriert sind. Auch im Innenhof kann man unter Schatten spendenden Weinreben verschiedene Snacks und Erfrischungen genießen.

Fast die ganze Stellentia Avenue nimmt das im Stil eines Weingutes gestaltete **Rupert Museum** (Stellentia Avenue, Tel. 021/888 33 44, www.rupertmuseum.org, Mo–Fr 9.30–16, Sa 10–13 Uhr) ein. Zwei der Hallen beherbergen eine beachtliche Sammlung südafrikanischer Kunst des 20. Jh., u. a. mit Werken von Irma Stern, Maggie Laubser und Alexis Preller. Eine weitere Halle widmet sich internationalen Vertretern der klassischen Moderne, u. a. mit Skulpturen von Rodin, Maillol und Picasso.

Ein kulturelles Erlebnis versprechen die Konzerte im **Oude Libertas Centre** (Oude Libertas Road, Tel. 021/809 73 80, www.oudelibertas.co.za). Dieses Zentrum am Fuße des *Papegaaibergs* verfügt

Bilder der Vergangenheit: Alltag von anno dazumal im Stellenbosch Village Museum

Malerisches Fleckchen für einen Zwischenstopp: Der Picknickplatz am Weingut Boschendahl, das bereits im 17. Jahrhundert gegründet wurde

Reif für die Lese – unter der Sonne des West-Kap gedeihen Südafrikas Weine

Aus den Weinkellern am West-Kap

Friedrich Klopstock widmete ihnen eine Ode, Friedrich der Große zog sie allen anderen vor, und auch Napoleon ließ sich seine Verbannung mit ihnen erleichtern: **Kapweine** sind seit langem ein Siegel für Qualität und haben sich nach dem politischen Umbruch in Südafrika wieder einen festen Platz auf dem europäischen Markt erobert.

Bereits **Jan van Riebeeck** ließ sich Rebstöcke aus Spanien, Frankreich und Deutschland ans Kap schicken, und am 2. Februar 1659 notierte er in seinem Tagebuch: »Heute, der Herr sei gepriesen, wurde zum erstenmal aus Kaptrauben Wein gepresst.« Mit Gouverneur **Simon van der Stel** kam 1679 ein Mann nach Südafrika, der dem Weinanbau hier zum Durchbruch verhalf. Einen weiteren Aufschwung als Weinproduzent hat Südafrika der Hugenottenvertreibung aus Frankreich zu verdanken. Einige dieser erfahrenen Winzer begründeten in **Franschhoek** ein bedeutendes Weinanbauzentrum.

Eine Läuseplage Ende des 19. Jh. warf Südafrikas Weinproduktion zunächst zurück, doch mit Hilfe amerikanischer Rebstöcke wurde schon 1918 wieder eine so große Produktion erzielt, dass die Preise in den Keller tröpfelten – dies war die Geburtsstunde der Zentralgenossenschaft KWV, die auch heute noch eisern über Preise, Mengen und Qualität wacht.

Übrigens gab es bis vor kurzem keinen schwarzen Winzer in Südafrika. Nun ist der Zulu **Jabulani Ntshangase** der erste Schwarze, der einen Sauvignon Blanc gekeltert hat. Er war in den Apartheidjahren nach Amerika gegangen und hatte bei der Arbeit in einer New Yorker Weinhandlung seine Liebe zum Rebensaft entdeckt. Seine Weine sind unter dem Namen **Thabani Wines** in den Weinhandlungen zu entdecken.

über ein Amphitheater mit 430 Sitzplätzen. Hier finden Theater-, Ballett- und Konzertaufführungen aller Art statt. Bei der Einweihung 1977 saß *Vladimir Ashkenazy* am Piano. Auch ein Weinladen und ein Restaurant laden zu einem Besuch ein.

Ausflug

Stellenbosch ist Ausgangspunkt der **Stellenbosch Wine Route** (Info: Tel. 021/ 886 43 10, www.wineroute.co.za), die aus fünf Routen besteht und zu 150 Weingütern führt. Diese sind jeweils an ihren Einfahrten durch ein spezielles Symbol gekennzeichnet. Man wandelt auf den ausgedehnten Weinwegen und hat bei Weinproben und gutem Essen die Qual der Wahl.

Praktische Hinweise

Information

Stellenbosch Tourism and Information Bureau, 36 Market Street, Stellenbosch,

Tel. 021/883 35 84,
www.stellenboschtourism.co.za

Hotels

*****Lanzerac Manor & Winery, Lanzerac Road, Stellenbosch, Tel. 021/887 11 32, www.lanzerac.co.za. Elegantes Landhotel, schön inmitten eines Weinguts gelegen.

La Bonne Auberge, 21 van Zyl Street, Somerset West, Tel. 021/852 00 78, www.labonneauberge.co.za. Elegantes Anwesen mit Garten und Pool und familiärer Atmosphäre. Ideal zum Golfen in der näheren und weiteren Umgebung.

Caledon Villa Guesthouse, 7 Neethling Street, Stellenbosch, Tel. 021/883 89 12, www.caledonvilla.co.za.
Originelles Anwesen in unmittelbarer Nähe zur historischen Altstadt.

Restaurants

De Volkskombuis, Aan de Wagen Weg, Stellenbosch, Tel. 021/887 21 21, www.volkskombuis.co.za. Traditionelle Kapküche und Meeresfrüchte.

96 Winery Road, an der Straße R 44 zwischen Stellenbosch und Somerset West auf dem Zandberg Weingut gelegen, Tel. 021/842 20 20, www.96wineryroad.co.za. Preisgekröntes Restaurant mit erlesenen Speisen und Weinen; Reservierung notwendig (So abends geschl.).

4 Franschhoek

Französisch-hugenottisches Erbe auf Schritt und Tritt.

Kaum 25 km von Stellenbosch entfernt gelangt man durch eindrucksvolle Berglandschaft in das seit 1688 von Hugenotten geprägte Städtchen Franschhoek (›Franzosenwinkel‹). Die Weingüter hier tragen z. T. noch ihre französischen Namen und können auf der *Franschhoek Wineroute* (Vignerons de Franschhoek, Tel. 021/876 28 61, www.franschhoek.org.za) besucht werden. Natürlich darf man ihre Erzeugnisse bei Weinproben und Kellereibesichtigungen verkosten. Neben dem Weinbau brachten die Hugenotten eine ausgezeichnete Küche mit nach Franschhoek, dessen Restaurants in Südafrika einen sehr guten Ruf genießen.

Am Rand des Städtchens, am Fuß des landschaftlich eindrucksvollen *Franschhoek-Passes*, erinnert das 12 m hohe, dreibogige **Huguenot Monument** an die Besiedlung der Region durch die französischen Religionsflüchtlinge. Direkt daneben widmet sich das **Huguenot Memorial Museum** (Lambrecht Street, Tel. 021/876 25 32, Mo–Sa 9–17, So 14–17 Uhr, www.museum.co.za) vor allem der Genealogie der Hugenottenfamilien. Anhand von Möbeln, Bibeln, Dokumenten und Einrichtungsgegenständen wird auch ihr Leben illustriert.

Weinreben zu Füßen des Simonsberges – die Region Stellenbosch ist berühmt für ihre guten Tropfen

4 Franschhoek

ℹ Praktische Hinweise

Information

Information Centre, 62 Huguenot Road, Franschhoek, Tel. 021/876 28 61, www.franschhoek.org.za

Hotel

Auberge Bligny, 28 Van Wijk Street, Franschhoek, Tel. 021/876 37 67, www.bligny.co.za. Viktorianisches Guest House von 1861 mit Pool, auch Selbstverpflegung in eigener Küche möglich.

Restaurants

Boschendal, 17 km außerhalb von Franschhoek in Richtung Stellenbosch (R 310), Tel. 021/870 42 74, www.boschendal.com. Auf dem gleichnamigen Weingut am Fuße der Groot-Drakenstein-Berge gelegenes Restaurant mit ausgezeichneter französischer Küche.

Haute Cabrière, Cellar Restaurant, Pass Road, Franschhoek, Tel. 021/876 36 88, www.cabriere.co.za. Edle Speisen im in den Berg hineingebauten Champagnerkeller.

La Petite Ferme, Pass Road, Franschhoek, Tel. 021/876 30 16, www.lapetiteferme.co.za. Landgasthaus mit familiärer Atmosphäre hoch oben auf dem Pass.

Le Quartier Français, 16 Huguenot Road, Franschhoek, Tel. 021/876 21 51, www.lqf.co.za. Kapmalaiische und provenzalische Küche.

5 Paarl

Eine der Weinmetropolen im Kapland.

Der Ortsname lässt sich auf den großen Granitfelsen **Paarl Rock** hinter der Stadt zurückführen, dessen Oberfläche bei Regen an schimmernde Perlen erinnert. Die ersten weißen Farmer siedelten hier im Jahre 1687. Heute ist Paarl mit seiner Umgebung nach Kapstadt die industrialisierteste Region des West-Kaps.

Umgeben von Weinbergen besitzt die Stadt noch zahlreiche historische Bauten sowie herrliche, eichengesäumte Straßen. Sie gilt als *Wiege afrikaanser Sprache* und Kultur, denn in Paarl erschien die erste afrikaanse Zeitung, und hier wurde auch die Bibel ins Afrikaanse übersetzt. Nach Paarl kommen alljährlich im Frühjahr rund 2000 Weinconnaisseure und -einkäufer aus aller Welt, um am bedeutendsten Ereignis im südafrikanischen Weinkalender teilzunehmen: der *Nederburg Wine Auction* (nederburgauction.co.za). Unter der Leitung des Hauptweinberaters von Sotheby's in London werden dann auf dem 7 km östlich der Stadt gelegenen Weingut **Nederburg** wertvolle südafrikanische Tropfen versteigert. In festlicher Atmosphäre kommen hier an einem Tag rund 5000 Kisten unter den Hammer.

An der *Main Street* liegt die Zentrale von **KWV** (Kooperatiewe Wijnbouwers Vereniging van Zuid-Afrika), der größten Winzergenossenschaft Südafrikas. Sie wurde 1918 gegründet. Heute vermarktet KWV den bedeutendsten Teil des südafrikanischen Weinexports. Auf einer Fläche von 22 ha lagern in dem riesigen Kellerkomplex mehr als 100 verschiedene Weinsorten, dazu kommen Brandys und Dessertweine. Jährlich besichtigen den Keller 50 000 Besucher (Kohler Street, Tel. 021/807 30 07, www.kwvwineemporium.co.za, Mo–Sa 9–16.30, So 11–16 Uhr).

1972 erwarb KWV mit **Laborie** (Tel. 021/807 33 90, www.laboriewines.com, Mo–Sa 9–17, So 11–17 Uhr) eines der ältesten Hugenottenweingüter am Kap und machte aus ihm ein Musterweingut. Die historischen Gebäude wurden restauriert und die 39 ha großen Weinberge neu bepflanzt. Heute hat Laborie in einen sehr guten Ruf. Zur Besichtigung gehört auch eine Weinprobe.

Antiquitäten aus der Region und historische Objekte der hugenottischen sowie afrikaansen Kultur zeigt das **Paarl Muse-**

Im riesigen Cathedral Cellar der KWV in Paarl lagern Fässer mit mehr als 100 Weinsorten

5 Paarl

Erinnert an die verschiedenen Wurzeln der afrikaansen Sprache: Taal Monument

um (303 Main Street, Tel. 021/872 26 51, Mo–Fr 9–16, Sa 9–13 Uhr) in dem ehem. Pfarrhaus *Oude Pastorie* von 1787.

In der nahe gelegenen *Pastorie Avenue* wurde im Gideon Malherbe House das **Afrikaans Language Museum** (11 Pastorie Avenue, Tel. 021/872 34 41, www.taalmuseum.co.za, Apr.–Nov. Mo–So 8–17, Dez.–März 8–20 Uhr) eingerichtet, das die Geschichte der afrikaansen Sprache dokumentiert. In dem Gebäude wohnte einst *Gideon Malherbe*. Hier wurde 1876 die erste Ausgabe von ›Die Afrikaanse Patriot‹ gedruckt. Malherbe kämpfte mit anderen Afrikaanern für die offizielle Zulassung von Afrikaans als Amtssprache am Kap.

Etwas außerhalb der Stadt befindet sich mit dem **Taal Monument** ein ›Sprachendenkmal‹. Oberhalb Paarls auf einem Felsen stehend, symbolisieren die teils riesigen Betonsäulen jene Kulturen und Sprachen, die gemeinsam das Afrikaanse prägten.

Ausflug

Auch Paarl hat eine eigene **Wine Route** (winerepublicblog.co.za), die gut beschildert ist. Weinverkostung ist hier ebenso möglich wie der Genuss gepflegter Speisen in den Restaurants einiger Güter.

Praktische Hinweise

Information
Paarl Tourism Bureau, 216 Main Street, Paarl, Tel. Tel. 021/872 48 42, www.paarlonline.com

Hotels
*******Grande Roche**, Plantasie Street, Paarl, Tel. 021/863 51 00, www.granderoche.com. Inmitten von Weingärten, am Fuße des Paarl Rock. Luxus in kapholländischem Ambiente.

******Cape Valley Manor**, 6 Plein Street, Paarl, Tel. 021/872 45 45, www.capevalleymanor.co.za. Umgeben von Weinbergen vereint das familiengeführte Haus auf gelungene Weise viktorianische und moderne Elemente.

Restaurant

TOP TIPP **Rhebokskloof Wine Estate**, Noorder Paarl, Paarl, Tel. 021/869 83 86, www.rhebokskloof.co.za. Herrlich gelegenes Weingut mit Gebäuden aus dem späten 18. Jh., Kapküche, Frühstück und Mittagessen auf der Terasse oder am Kamin (tgl. 9–17 Uhr, Fr bis spätabends).

Zur Obstblüte verwandelt sich die Landschaft rund um Tulbagh in einen Farbenteppich

6 Tulbagh

Der Ort präsentiert sich mit kapholländischer Architektur in ungewöhnlicher Konzentration.

Der 50 km nördlich von Paarl gelegene hübsche Ort mit seinen 3000 Einwohnern ist ein Zentrum des Obst- und Weinanbaus. Ein Erdbeben richtete 1969 schwere Schäden an den z. T. über 200 Jahre alten Gebäuden an. Die anschließenden Restaurierungsarbeiten umfassten 32 Gebäude in der **Church Street**, die heute den größten geschlossenen Komplex von Nationaldenkmälern im Lande bilden.

Ein Zusammenschluss der drei bedeutendsten historischen Bauwerke Tulbaghs ist das **Oude Kerk Volksmuseum** (4 Church Street, Tel. 023/230 10 41, Mo–Fr 8.30–17, Sa 9–15, So 11–15 Uhr). Dazu zählen das *Old Church Museum* mit einer reich verzierten Giebelfront, *Mon Bijou* (auch bekannt als De Wet House) sowie das *Victorian House* in der Van der Stel Street, ein elegantes Bauwerk des 19. Jh. mit zeitgenössischem Mobiliar.

Etwa 4 km außerhalb der Stadt lohnt das alte Magistratsgebäude **Old Drostdy** (Tel. 023/230 02 03, Mo–Fr 10–17, Sa 10–14 Uhr) einen Besuch. Der von *Louis Thibault* 1806 errichtete klassizistische Bau besticht durch ausgewogene Proportionen und erlesenes Mobiliar. *Weinproben* sind im dazugehörigen ehem. Gefängnis möglich.

Praktische Hinweise

Information
Tulbagh Tourism Bureau, 4 Church Street, Tulbagh, Tel. 023/230 13 75, www.tulbaghtourism.co.za

Hotels
Manley Wine Lodge, Main Winterhoek Road, Tulbagh, Tel. 023/230 05 82, www.manleywinelodge.co.za. Inmitten einer herrlichen Berglandschaft, ca. 1 km vom Zentrum, mit Pool und Garten.

Cape Dutch Quarters, 24 Church Street, Tulbagh, Tel. 023/230 11 71, www.cdq.co.za. Elegante Zimmer in drei historischen Gebäuden.

Restaurant
Paddagang Restaurant, 23 Church Street, Tulbagh, Tel. 023/230 02 42. Köstlichkeiten der Kapküche in hübschem Garten.

7 Hermanus

Der ideale Standort zur Walbeobachtung.

Der zwischen einer großartigen Bergkulisse und dem Atlantik gelegene Ort verdankt seinen Namen dem holländischen Lehrer und Schäfer *Hermanus Pieters*, der in den 1830er-Jahren einem Elefantenpfad folgend diese Küstenregion entdeckte und sich hier niederließ. Fischer und Walfänger folgten alsbald, ebenso Kalkbrenner, die in den Muschelvorkommen am Strand reichlich Rohstoff fanden. Heute werden in Hermanus alle erdenklichen Arten an **Wassersport** geboten, sei es auf offenem Meer oder in der Lagune des *Kleinriviersvlei*, der in den Atlantik mündet. Stolz ist man im Ort auch auf eine Reihe südafrikanischer Angelrekorde.

Sehenswert ist das **Old Harbour Museum** (Marine Drive, Tel. 028/312 14 75, www.old-harbour-museum.co.za, Mo–Sa 9–16.30, So 11–16 Uhr), das mit restaurierten Bauten, Booten und alten Fotos jene Zeit dokumentiert, als Hermanus vor allem ein Fischereihafen war.

Hauptattraktion ist jedoch die Beobachtung von **Walen**, die im Frühjahr aus der Südpolarregion zum Kalben in die **Walker Bay** kommen. Nahe dem Alten Hafen gibt der Walrufer mit einem Horn das Signal, wenn er eine Schwanzflosse oder eine Atemfontäne draußen in der Bucht entdeckt hat. Dann zücken die an der Uferpromenade wartenden Touristen ihre Ferngläser.

Ausflüge

Von Hermanus führt die R 43 zu dem rund 45 km südöstlich gelegenen Dorf **Gansbaai**. Der Name rührt von den Wildgänsen her, die es hier früher in großer Zahl gab. Vermutlich gehen die Ursprünge des Ortes auf die Schiffskatastrophe von 1852 zurück, als am nahen Danger Point der britische Truppentransporter ›HMS Birkenhead‹ [s. S. 38] auf Grund lief. Einige Nachkommen der Schiffbrüchigen leben heute noch in der Gegend. Während des Zweiten Weltkrieges erlebte Gansbaai einen kurzen Boom, als eine Fabrik zur Verarbeitung der hier zahlreich vorkommenden Haie errichtet wurde. Mit dem an Vitamin C reichen Fleisch der Haie wurden die alliierten Truppen versorgt. Heute verfügt Gansbaai über einen kleinen Hafen und bietet Gelegenheit, nahe der vorgelagerten Robbeninsel Exemplare des geschützten *Weißen Hais* zu entdecken.

Rund 60 km südöstlich von Gansbaai erreicht man **Cape Agulhas**, den südlichsten Punkt Afrikas (34° 49′ 58″). Hier gehen *Atlantischer* und *Indischer Ozean* ineinander über, obwohl noch warme Strömungen des Indischen Ozeans bis Cape Point bei Kapstadt reichen. Lediglich ein Leuchtturm und eine Gedenkplakette am steinigen Strand weisen den Besucher auf die geographische Bedeu-

Moby Dick Kurs voraus

Jeder kennt die ›Big Five‹ südafrikanischer Nationalparks: Löwe, Leopard, Nashorn, Büffel und Elefant. Am Kap der Guten Hoffnung könnte man auch von den ›Big Six‹ sprechen, denn hier sind zusätzlich die großen **Wale** echte Publikumsmagnete, vor allem im Bereich von der False Bay ostwärts etwa bis Mossel Bay. Zum Mekka der ›Whalewatchers‹ hat sich **Hermanus** entwickelt, ein etwa 100 km von Kapstadt entfernter Badeort. Hier ruft ein ›Whale Caller‹ für die Touristen ›Wal in Sicht!‹. Zumeist entdeckt man Buckel-, Finn-, Blau- und Killerwale sowie die hier **Southern Right** und **Pygmy Right** genannten Arten, wenn sie dahingleiten und eine Atemfontäne dicht unter der Wasseroberfläche in die Luft schicken. Häufig lassen sich auch elegante Luftsprünge der gewaltigen Meeressäuger beobachten. Oder aber die riesige Schwanzflosse ragt für ein paar Sekunden aus dem Wasser. Die **Walsaison** beginnt meist im Juni und endet spätestens im Januar. ›Hauptsaison‹ für Walbeobachter sind September und Oktober. Die Wale kommen an die Küste, um ihre Jungen zur Welt zu bringen.

Dem Zahn der Gezeiten anheim gegeben: Wrack vor der Küste von Cape Agulhas

Friedhof der Schiffe – Wracks vor der Küste des West-Kaps

Die etwa 3000 km lange Küste Südafrikas ist im Verlauf der Jahrhunderte für unzählige Schiffe und ihre Besatzungen zum nassen Grab geworden. Man schätzt, dass ungefähr 2000 Schiffswracks in unmittelbarer Küstennähe liegen – ein Großteil davon auf dem Meeresboden vor Kapstadt.

So warten im Rumpf der ›**Maori**‹ vor der Westküste des Kaps noch Porzellan und ungeöffnete Champagnerflaschen auf versierte Taucher. Nördlich der ›Maori‹ sind unter der Wasseroberfläche noch Kanonen und Anker des 1698 gesunkenen Versorgungsschiffes ›Het Huis te Kraaiestein‹ auszumachen. Nahebei stößt man in 12 m Tiefe auf die Reste des Tankers ›**Antipodes**‹. Messerscharfe Kanten mahnen zur Vorsicht.

Das berühmteste Wrack Südafrikas ist das des britischen Truppentransporters ›**HMS Birkenhead**‹, der Ende Februar 1852 vor **Danger Point** auf Grund lief. Mehrmals wurde vergeblich versucht, die angeblich darin lagernde Goldladung im Wert von 300 000 Britischen Pfund zu bergen. Wrackreste, Uniformknöpfe und ein Sextant stellen die vergleichsweise magere Ausbeute der Schatzsuche dar.

tung von L'Agulhas hin, wie die ortsübliche Bezeichnung lautet.

Wendet man sich auf der R 319 vom Kap weg nach Norden, gelangt man nach etwa 35 km in die Kleinstadt **Bredasdorp**, ein Zentrum der Getreide- und Milchwirtschaft. Sehenswert ist dort das **Shipwreck Museum** (6 Independent Street, Tel. 028/424 12 40, Mo–Fr 9–16.45, Sa 9–14.45, So 10.30–12.30 Uhr), das in mehreren historischen Gebäuden eindrucksvoll die Geschichte an der nahen Küste gestrandeter Schiffe dokumentiert.

Praktische Hinweise

Information
Hermanus Tourism Bureau, Mitchell Street, Hermanus, Tel. 028/312 26 29, www.hermanus.co.za

Hotels
*****Grootbos Farm and Nature Reserve**, P. O. Box 148, Gansbaai, Tel. 028/384 80 08, -00, www.grootbos.com. Unterbringung in luxuriösen Cottages. Tages- und Nachtexkursionen in die Umgebung, Reiten, Vogel- und Walbeobachtung.

*****The Marine**, Marine Drive, Hermanus, Tel. 028/313 10 00, www.marine-hermanus.co.za. Erstes Haus am Platz, in der Ortsmitte gelegen, mit britischem Flair und schönem Blick auf die spaktakuläre Walker Bay.

***Arniston Spa Hotel**, Beach Road, Bredasdorp, Tel. 028/445 90 00, www.arnistonhotel.com. Über dem Meer an der Südspitze Afrikas.

Restaurant

Bientang's Cave, Below Marine Drive, Hermanus, Tel. 028/312 34 54, www.bientangscave.com. Fischspezialitäten, serviert in der ehem. Wohnhöhle von Bientang.

Burgundy Restaurant, Marine Drive, Tel. 028/312 28 00, www.burgundyrestaurant.co.za. Leckere Fisch- und Fleischgerichte direkt am Meer.

8 Swellendam

Ein Stück Holland im Kapland.

Gut 220 km östlich von Kapstadt schmiegt sich das malerische Swellendam an die Hänge des *Langeberg-Massivs*. 1745 gegründet, ist es die drittälteste Stadt Südafrikas. 1795 riefen die Bewohner eine eigenständige Republik aus und hielten drei Monate durch, bevor sie sich der neuen britischen Militärführung in Kapstadt unterwarfen. Eine Feuersbrunst im Jahre 1865 sowie eine anhaltende Dürre führten zum wirtschaftlichen Niedergang Swellendams. Dennoch prägen auch heute noch zahlreiche kapholländische Gebäude das Ortsbild.

Sehenswert ist das **Drostdy Museum** (18 Swellengrebel Street, Tel. 028/514 11 38, Mo–Fr 9–16.45, Sa/So 10–15.45 Uhr, www.drostdymuseum.com), das eine erlesene Sammlung von Möbelstücken des 18./19. Jh. sowie alte Fuhrwerke zeigt. Die Drostdy war bis 1939 Sitz des Friedensrichters. Im alten **Oefeningshuis** (›Übungshaus‹) an der Voortrek Street, wo früher die freigelassenen Sklaven den Katechismus lernten, ist heute das Tourismusbüro untergebracht.

ℹ Praktische Hinweise

Information

Tourism Bureau, Voortrek Street, Swellendam, Tel. 028/514 27 70, www.swellendamtourism.co.za

Hotels

*****De Kloof Luxury Estate**, Weltevrede Street 8, Swellendam, Tel. 028/514 13 03, www.dekloof.co.za. Luxushotel mit eigener Golf Driving Range und Weinproben am Pool.

***Swellengrebel**, 91 Voortrek Street, Swellendam, Tel. 028/514 11 44, www.swellengrebelhotel.co.za. Komfortables Haus auf halbem Weg zwischen Kapstadt und der Garden Route.

9 Mossel Bay

Auf den Spuren portugiesischer Entdecker.

Rund 150 Jahre bevor Jan van Riebeeck Kapstadt gründete, landete der portugiesische Seefahrer *Bartholomeu Diaz* 1488 in der ›Muschelbucht‹, wo er eine Quelle mit dem dringend benötigten Frischwasser fand. *Vasco da Gama* folgte ihm neun Jahre später auf seinem Weg nach Indien. Da Gama trieb möglicherweise als erster Europäer im südlichen Afrika mit den einheimischen Khoikhoi Handel. Seit 1500 nutzten Seefahrer einen Milkwood-Baum in der Bucht als Postumschlagsplatz (Post Office Tree, s. u.), wenn sie auf der Route zwischen Europa und Asien hier Halt machten.

Als um 1900 Straußenfedern für Damenhüte weltweit in Mode kamen, erleb-

Blick auf die Kleinstadt Barrydale, die rund 240 Kilometer östlich von Kapstadt liegt

Mossel Bay

Seetüchtig: Nachbau der Dias-Karavelle im Bartholomeu Diaz Museum Complex

te Mossel Bay eine kurze Blüte als Exporthafen. Dem heutigen Besucher präsentiert sich die 86 000-Einwohner-Stadt zwar vorwiegend als *Ferienort* am Meer, unverkennbar sind hier aber auch die Merkmale eines modernen Industriestandortes. Vor allem aus Gründen wirtschaftlicher Autarkie begann das Apartheidregime in den 1980er-Jahren mit der Ausbeutung von Erdgasfeldern vor der Küste. Die Produktion von Öl, Benzin und Diesel aus Gas in *Mossref*, den eindrucksvollen Raffinerieanlagen abseits der Stadt, begann 1991.

Sehenswert ist in der Market Street der **Bartholomeu Dias Museum Complex** (1 Market Street, Tel. 044/691 10 67, Mo–Fr 9–16.45, Sa/So 9–15.45 Uhr, www.diasmuseum.co.za). Hierzu gehören u. a. der *Post Office Tree* sowie die Quelle, der Mossel Bay seine Gründung verdankt. Das Prunkstück des Museums ist jedoch der originalgetreue Nachbau jener *Karavelle*, mit der Diaz 1488 in die Bucht segelte. Und im dazugehörigen *Shell Museum* kann man eine beachtliche Sammlung heimischer Muschelarten bewundern.

Ausflug

Interessant ist der Besuch des etwa 8 km außerhalb Mossel Bays an der Straße nach George gelegenen **Hartenbos Museum** (Majuba Avenue, Tel. 044/695 21 83, Mo–Fr 9–16 Uhr), das anhand von Gebrauchsgegenständen und Mobiliar aus der Zeit des Großen Trek die Lebensumstände der Voortrekker vermittelt.

Praktische Hinweise

Information

Mossel Bay Tourism Bureau, Market Street/Church Street, Mossel Bay, Tel. 044/691 22 02, www.visitmosselbay.co.za

Hotels

******Eight Bells Mountain Inn**, an der R 328 am Fuße des Robinson Passes 32 km von Mossel Bay, Tel. 044/631 00 00, www.eightbells.co.za. Der ehemalige ›outspan‹ der Ochsenwagengespanne in herrlicher Berglandschaft ist heute ein angenehmes Hotel.

Classical View Guest House, 32 P. Mellifera Street, Mossel Bay, Tel. 021/446 98 21 57, www.classicalview.com In leichter Hanglage etwas außerhalb der Stadt ruhig in Strandnähe gelegen.

Mossel Bay Guest House, 61 Bruns Road, Mossel Bay, Tel. 044/691 20 00, www.mosselbaygh.co.za. Ruhiges, außerhalb gelegenes Haus mit Blick über die Stadt und gemütlichen, stilvoll begrünten Innenhöfen.

Restaurant

The Gannet, Bartholomeu Dias Museum Complex, Church Street/Market Street, Mossel Bay, Tel. 044/691 18 85, www.oldposttree.co.za Spezialisiert auf Meeresfrüchte.

10 George

Freundliches Tor zur Garden Route.

Die rund 213 000 Einwohner zählende Stadt, deren Rhythmus von Handel, Holz- und Landwirtschaft bestimmt wird, eignet sich gut als Ausgangspunkt für die Erkundung der *Garden Route* [s. S. 42], jener beliebten Küstenstrecke, die über mehr als 200 km inmitten einer üppigen Pflanzenwelt immer wieder prächtige Ausblicke auf den Ozean gestattet.

1811 in einer herrlichen Landschaft zu Füßen der *Outeniqua Mountains* gegründet, erhielt der Ort zunächst den Namen *Georgetown* nach König Georg III. von England. Damals dominierte die Holzindustrie, die von den umliegenden Wäldern zehrte. Der Raubbau nahm jedoch solche Ausmaße an, dass die Regierung 1936 einen 200-Jahres-Bann über einheimische Hölzer verhängte. Inzwischen bezieht die örtliche Industrie ihr Holz überwiegend von ausgedehnten Plantagen. Der 8 km entfernte Flughafen wird von Johannesburg aus regelmäßig angeflogen.

Als erstes Ziel des Stadtrundgangs bietet sich die **Dutch Reformed Church** in der Courtenay Street an, die älteste Kirche von George. Pfeiler und Kuppel sind aus heimischem Yellowwood, während die Kanzel aus Stinkwood geschnitzt ist.

Nordwestlich, an der Abzweigung der York Street, liegt das **George Museum** (Tel. 044/873 53 43, Mo–Fr 8–16.30, Sa 9–12.30 Uhr), das vor allem durch seine Sammlung erlesener Musikalien, Musikinstrumente, Musikboxen usw. beeindruckt. Sehenswert ist auch der **Sklavenbaum**, eine Eiche aus den frühen Tagen der Stadt, die in der York Street vor der alten Bibliothek steht. Ein in den Stamm eingewachsenes Kettenstück erinnert an den Sklavenhandel, der einst hier betrieben wurde.

Das **Outeniqua Transport Museum** (2 Mission Road, Tel. 044/801 82 89, www.outeniquachootjoe.co.za, Sept.–April Mo–Sa 8–17, Mai–Aug. Mo–Fr 8–16.30, Sa 8–14 Uhr Zeigt u.a. 13 alte Dampflokomotiven. Bis vor wenigen Jahren war die historische Dampfeisenbahn Outeniqua Choo-Tjoe noch in Betrieb.

Eine Attraktion für Golfspieler ist der **George Golf Course** (Langenhoven St., Tel. 044/873 61 16, www.georgegolfclub.co.za), einer der bekanntesten Golfplätze Südafrikas in schöner Umgebung. Drei Kurse stehen zur Auwahl.

Ausflug

Auf der N 2 entlang der Garden Route nach Osten führt die Strecke an herrlichen Badebuchten und Surfstränden (Victoria Bay) vorbei nach *Wilderness*. Dieses beliebte Seebad verfügt über weite

Die 18 Loch-Golfplätze in Fancourt zählen zu den weltweit besten; sie liegen in Südafrikas Golf-Hochburg George im Herzen der beliebten Garden Route

Die Garden Route

Die Garden Route ist eines der touristischen Highlights des Landes. Die klassische Garden Route verläuft entlang der Küste von Mossel Bay bis zur Mündung des Storm River und ist etwa 200 km lang. Gern wird heute aber auch der ca. 750 km lange Küstenstreifen von Kapstadt bis Port Elizabeth dazugezählt.

Ihren Namen verdankt die Garden Route der vielfältigen und wunderschönen Küstenlandschaft, durch die sie führt: Malerische Bergketten, steile Felsen, lange, weiße Sandstrände und üppige tropische Vegetation prägen die Naturkulisse mit Blick auf das Meer. Als die ersten Siedler in diese fruchtbare Gegend kamen, sollen sie sie als wahren Garten Eden bezeichnet haben.

Zu den Hauptattraktionen der Garden Route zählen der Tsitsikamma National Park [Nr. 21], die Straußenfarmen nahe Oudtshoorn [Nr. 13] und die Lagunen von Knysna [Nr. 11]. Beliebte Ferienorte sind George [Nr. 10], Mossel Bay [Nr. 9] und Plettenberg Bay [Nr. 12] mit seinen einladenden kilometerlangen Stränden.

Strände, eine Lagune und die heute zum Garden Route National Park (s. S. 57) gehörende **Wilderness Area**, die mehrere Seen und einen Fluss umfasst. Die Landschaft bietet hier vielfältige Vegetation vom Regenwald bis zum Dünengras.

ℹ Praktische Hinweise

Information

George Tourism Office, 124 York Street, George, Tel. 044/801 92 95, www.george.co.za

Hotels

****Far Hills Country Hotel**, N 2 National Road, George, Richtung Wilderness, Tel. 044/889 01 20. www.farhillshotel.com. In herrlicher Umgebung an der Garden Route.

Paradise Cove, Victoria Bay Heights, George East, Tel. 044/889 03 62, www.paradisecove.de. Reetgedeckte Cottages, spektakulär über dem Indischen Ozean gelegen.

Fancourt Hotel, Montagu Street, George, Tel. 044/804 00 00, www.fancourt.co.za. Golfen und Wellness mit beheiztem Schwimmbad. Mehrere Restaurants.

11 Knysna

Auf den Spuren von Goldrausch, uralten Regenwäldern und Elefanten.

Das populäre Seebad Knysna (gespr. naisna) liegt zwischen uralten Wäldern und einer 21 ha großen Lagune am Indischen Ozean. Die Bedeutung des Ortsnamens, der aus der Sprache der Khoikhoi stammt, ist unklar. Unter Berücksichtigung der zwei Felsen, die an der Hafeneinfahrt stehen, könnte er ›steil hinunter‹ bedeuten, andererseits aber auch mit ›Farnblätter‹ bzw. ›Ort des Holzes‹ übersetzt werden.

Im Jahre 1876 wurde in den Wäldern um Knysna Gold gefunden, was zu einem regelrechten Goldrausch in dem benachbarten Ort Millwood führte. Um 1888 boten die Minencamps dort fast 1000 Goldgräbern Unterkunft, es gab sechs Hotels und drei Zeitungen. Nach der Entdeckung der Goldvorkommen am Witwatersrand in Transvaal 1886 zogen die meisten Schürfer jedoch dorthin. Die Goldminen um Knysna wurden 1924 geschlossen, jetzt erinnern nur noch überwucherte Stolleneingänge und rostige Maschinenteile an die einstige Bonanza. Mit seinen 81 000 Einwohnern ist Knysna heute ein Zentrum der Möbelindustrie und des Schiffbaus. Auch mit der Austernzucht hat sich das Städtchen einen Namen gemacht.

Aus der Zeit des Goldrauschs stammt das **Millwood House**, ein typisches Gebäude der 1880er-Jahre, das ursprünglich in dem 32 km entfernten Minenort stand. Nach dessen Bedeutungsverlust wurde es zerlegt und in Knysna als **Knysna Museum** (Tel. 044/302 63 20, Mo–Fr 9.30–16.30, Sa 9.30–12.30 Uhr) wieder aufgebaut. Die Exponate vermitteln einen lebendigen Eindruck vom einstigen Goldgräberleben in Millwood. Das Museum widmet sich außerdem der Geschichte Knysnas und der örtlichen Holzindustrie.

Ein großartiger Ausblick über die Knysna-Lagune und den Ort bietet sich vom Gipfel des östlichen der beiden *The Heads* genannten Sandsteinkliffs. Man erreicht sie über die N 2 auf der Abfahrt zum George Rex Drive. Zu Füßen der Fel-

Knysna

Von den Felsen ›The Heads‹ zeigt sich die Lagune von Knysna in ihrer ganzen Pracht

sen liegt die große **Knysna-Lagune**. Sie ist die Heimat zahlreicher Fischarten und Austern sowie des seltenen Seepferdchens ›hippocampus capensis‹. *Bootsfahrten* führen zu den Sandsteinfelsen sowie zu dem *Featherbed Nature Reserve* (Western Head, Tel. 044/3821693, www.featherbed.co.za, tgl. 8–18 Uhr).

Ausflüge

Zu den alten Goldminen von **Millwood** gelangt man auf der N 2, die ca. 2 km westlich von Knysna über die Lagunenbrücke führt. Dort biegt man nordwärts ins Inland ab. Über Rheenendal und die Gouldveld Forest Station erreicht man schließlich Jubilee Creek und Millwood. Als einzige Spuren der Goldgräberzeit erwarten den Besucher *Grabungsreste* sowie ein 160 m langer *Tunnel*. Auf dem aufgelassenen Friedhof finden sich die Gräber von etwa 100 Menschen.

Knysna ist undenkbar ohne den berühmten **Knysna Forest**. Das von dichten Wäldern und Regenwäldern bedeckte Gebiet zwischen Knysna und Plettenberg Bay ist das größte dieser Art in Südafrika. Hier ist die Heimat des Hartholzbaums *Yellowwood*, der bis zu 60 m Höhe erreichen kann und dessen Bestände teils 700 Jahre alt sind. Nachdem in der Ära der Minenindustrie und des Eisenbahnbaus der Yellowwood nahezu ausgerottet worden war, stehen heute alle vier südafrikanischen Arten dieses Baumes unter strengem Schutz. Auf *Wanderwegen* lassen sich die beeindruckenden Wälder von Knysna mit ihren Urwaldriesen, Schlingpflanzen und Farnen wunderbar erschließen (s. Sicherheitshinweise im A-Z-Teil).

Verlässt man die Stadt ostwärts und biegt dann in die R 339 Richtung Uniondale ein, gelangt man nach 17 km an den Picknickplatz von *Diepwalle*, wo der ca. 600 Jahre alte mächtige **King Edward VII. Yellowwood** mit einem Kronendurchmesser von 24 m und einem Stammumfang von 6 m zu bewundern ist. Ein Stück nördlich der Diepwalle Forest Station beginnen die drei **Elephant Walks**, die insgesamt 19,5 km lang sind. In dieser Gegend sollen gelegentlich die selten gewordenen Knysna-Elefanten auftauchen, doch die Chance, sie zu Gesicht zu bekommen, ist gering.

Nördlich von Diepwalle lohnt ein Besuch des **Valley of Ferns**. Riesige Farne wachsen in diesem Abschnitt des Knysna-Regenwaldes. In Richtung Westen zweigt hier eine geschotterte Piste nach *Spitskop* ab, wo sich auf 830 m Höhe ein imposanter Rundblick von den Outeniqua Mountains bis zu den Sandsteinkliffs The Heads an der Lagune eröffnet.

Praktische Hinweise

Information

Knysna Tourism, 40 Main Street, Knysna, Tel. 044/3825510, www.visitknysna.co.za

Knysna

Sandstrand bis zum Horizont in Plettenberg Bay

Hotels

****Belvidere Manor**, Belvidere Estate, Duthie Drive, Knysna, Tel. 044/387 10 55, www.belvidere.co.za. Etwas außerhalb in Richtung Kapstadt gelegenes Sterne-Hotel. Man wohnt in gemütlichen Cottages in einer parkähnlichen Anlage an der Lagune.

****Falcons View Manor**, 2 Thesen Hill, Knysna, Tel. 044/382 67 67, www.falconsview.com. Elegantes Hotel auf dem Thesen Hill mit schönem Blick über Stadt, Lagune und Ozean.

The Knysa Log-Inn Hotel, 16 Gray Street, Knysa, Tel. 044/382 58 35, www.log-inn.co.za. Ein Hotel, das vollständig aus den heimischen Yellowwood-Baumstämmen errichtet ist.

12 Plettenberg Bay

Traumhafte Bucht mit endlosen Stränden und einer ehemaligen norwegischen Walfangstation.

Mit seinen rund 10 km langen Sandstränden hat sich der heute etwa 20 000 Einwohner zählende Badeort zu einem Zentrum der südafrikanischen Küste entwickelt. Von den Portugiesen im 15. Jh. *Bahia Formosa* (›schöne Bucht‹) genannt, erhielt der Ort 1778 seinen heutigen Namen von dem holländischen Gouverneur *Joachim von Plettenberg*. Von 1910 bis 1916 unterhielten Norweger in ›Plett‹ eine Walfangstation. Heute ziehen die zwischen Juli und September vor der Küste auftauchenden Riesensäuger viele Touristen an.

Abgesehen von den endlosen Stränden lädt das **Robberg Nature Reserve** (Tel. 021/483 01 90, www.capenature.co.za, Dez./Jan. tgl. 7–20, Febr.–Nov. tgl. 7.30–16 Uhr) zu einem Besuch ein. Es liegt auf einer Sandsteinhalbinsel 9 km südöstlich von Plettenberg Bay. Eine Hauptattraktion des Naturreservats ist die Robbenkolonie. Außerdem befindet sich hier eine große *Höhle*, die vermutlich von Steinzeitmenschen bewohnt wurde. Man kann das Naturreservat auf mehreren Rundwanderwegen erkunden. Auch *Schnorcheln* und *Angeln* erfreuen sich großer Beliebtheit.

Praktische Hinweise

Information

Plettenberg Bay Tourism Centre, Mellville's Corner Centre, Main Street, Plettenberg Bay, Tel. 044/533 40 65, www.plettenbergbay.co.za

Hotels

*****The Plettenberg**, 40 Church Street, Plettenberg Bay, Tel. 044/533 20 30, www.plettenberg.com. Traditionsreiches Landhotel mit herrlichem Blick auf die Bucht.

A Whale of a View, 2 Zenon Street, Plettenberg Bay, Tel. 044/533 58 28, www.whaleviews.co.za. Walbeobachtung von der Hotelterrasse aus.

Restaurants

The Fat Fish, Hopwood Street, Plettenberg Bay, Tel. 044/533 47 40. Hervorragendes Fischrestaurant.

The Med Seafood Bistro, Village Square, Main Street, Plettenberg Bay, Tel. 044/533 31 02., www.med-seafoodbistro.co.za. Meeresfrüchte frisch und fein (So geschl.).

13 Oudtshoorn

Strauße, Strauße, nichts als Strauße.

Die Anfänge des heute 82 000 Einwohner zählenden Zentrums der *Kleinen Karoo* reichen in das Jahr 1847 zurück, doch die Stadtgründung erfolgte erst im Jahre 1863. Namensgeber war der designierte Kapgouverneur *Pieter Reede van Oudtshoorn*, der 1773 auf See verstorben war. Da seit den 1880er-Jahren Straußenfedern in der Damenmode eine große Rolle spielten, entwickelte sich der Ort dank seines trockenen Klimas zum Weltzentrum der **Straußenzucht**. Zu Beginn des Ersten Weltkrieges lebten etwa 750 000 dieser Großvögel in der Region, die etwa 500 t Federn lieferten und jährlich 3 Mio. Britische Pfund Gewinn einbrachten. Die Federnindustrie führte auch zahlreiche jüdische Einwanderer in die Stadt, die zeitweilig sogar *Klein-Jerusalem* genannt wurde. Um 1900 lebten hier etwa 300 jüdische Familien. Der Erste Weltkrieg brachte die Straußenwirtschaft mit einem Schlag zum Zusammenbruch, da sich Europa unter dem Eindruck des Kriegsgeschehens von der extravaganten, kostspieligen Federnmode abwandte. Neuerdings gewinnt die Straußenzucht wieder an Bedeutung. Heute wird vor allem das fett- und cholesterinarme Fleisch exportiert.

Aus der Zeit des Federnbooms haben sich noch einige so genannte Federnpaläste erhalten, Villen von Farmern, die damals quasi über Nacht reich geworden waren. **Pinehurst** (St. John Street) ist ein solcher Palast. Die noble zweistöckige Villa wurde 1911 im späten viktorianischen Baustil für die Kaufmannsfamilie Edmeades errichtet. Die harmonisch gestaltete Fassade besteht aus fünf klaren Abschnitten und verschiedenen einheimischen Sandsteinarten. Bekrönt wird der Bau durch die pyramidenförmigen Dächer der Vorbauten und den kleine Turm des Mittelbaus. Heute befindet sich hier ein Jugendwohnheim. **Welgeluk** ist ein weiterer Federnpalast. Er wurde um 1910 erbaut und ist eines der schönsten erhaltenen Gebäude seiner Zeit. Die Fassade besteht vorwiegend aus dem leicht rötlichen Sandstein der nahen Swartberge. Das riesige Dach, der mächtige Giebel, die Veranda und der Turm bilden ein schönes architektonisches Gesamtbild. Das Haus ist Teil der **Safari Ostrich Show Farm** (Tel. 044/272 73 12, www.safariostrich.co.za, tgl 8–16 Uhr), auf der Besucher sich über die schwierige Aufzucht der Strauße informieren können. Die **Highgate Ostrich Show Farm** (5 km südwestlich von Oudtshoorn, Tel. 044/272 71 15, www.highgate.co.za, tgl. 7.30–17 Uhr) ist ebenfalls auf touristische Wünsche zugeschnitten. Das Programm der Straußenfarmen ist ähnlich: Zunächst kann man sich über die Straußenzucht informieren. Mutige dürfen sich für ein Foto auf einen Strauß setzen oder mit ihm über die Farm reiten. Abschließend findet in der Regel ein Straußenrennen mit Jockeys statt. Solche Rennen sind in vielen Ländern Europas aus Tierschutzgründen verboten.

Als architektonisches Juwel in einer inzwischen von modernen Bauten dominierten Stadt lohnt das **Arbeidsgenot Museum** (›Arbeidsgenuss‹, Jan van Riebeeck Road, Tel. 044/272 29 68, www.

Edles Federvieh auf den Straußenfarmen von Oudtshoorn

13 Oudtshoorn

Spektakuläre Beleuchtungseffekte verstärken die Wirkung der gigantischen Tropfsteinformationen in den Cango Caves bei Oudtshoorn

cjlangenhoven.co.za, Mo–Fr 9.30–13 und 14–17 Uhr) einen Besuch. Das Wohnhaus des afrikaansen Dichters *C. J. Langenhoven*, der 1918 die alte Nationalhymne ›Die Stem‹ komponiert hat, erinnert heute an den Nationalhelden.

Das **C. P. Nel Museum** (3 Baron van Rheede Street, Tel. 044/272 73 06, www.cpnelmuseum.co.za, Mo–Fr 8–17, Sa 9–13 Uhr) ist in einem typischen Sandsteingebäude aus der Zeit des Federnbooms untergebracht. Im Mittelpunkt der Sammlung steht die Straußenwirtschaft, daneben informiert das Museum über den Lebensstil der Farmer um die Wende zum 20. Jh. und die örtliche jüdische Kultur.

Ausflüge

3 km nördlich der Stadt befindet sich die **Cango Wildlife Ranch** (Tel. 044/272 55 93, Touren Dez–April 8–16.30, Mai–Nov 8–17 Uhr, www.cango.co.za). Ursprünglich als Krokodilfarm erworben, liegt der Schwerpunkt heute auf der Züchtung gefährdeter Tierarten. Die Ranch beherbergt Jaguar, Geparden, Löwen, bengalische Tiger, Schlangen, Kängurus, Emus, Erdmännchen und natürlich Krokodile, denen man beim Croc Cage Diving in einem Käfig unter Wasser ganz nahe kommen kann.

Nach weiteren 26 km auf der Straße R 328 erreicht man die **Cango Caves** (Tel. 044/272 47 10, www.cango-caves.co.za, tgl. 9–16 Uhr), die eine der bedeutendsten Attraktionen im Lande darstellen. Die zugänglichen Höhlenteile erstrecken sich über ca. 760 m und beeindrucken durch gewaltige *Tropfsteinformationen*. Den Eingang zu den einst von San [s. S. 47] bewohnten Höhlen entdeckte ein Farmer im Jahre 1780. 1972 fanden Höhlenforscher dann die 260 m lange Höhle *Cango 2* und schließlich 1975 *Cango 3* mit imponierenden 1600 m Länge, die beide jedoch noch nicht zu besichtigen sind.

Praktische Hinweise

Information

Oudtshoorn Visitor's Bureau, 80 Voortrekker Street, Oudtshoorn, Tel. 044/279 25 35, www.oudtshoorn.com

Hotels

****De Opstal Country Lodge**, Schoemanshoek, 12 km außerhalb in Richtung Cango-Höhlen, Tel. 044/279 29 54, www.deopstal.co.za. Umgebaute Farm im lieblichen Tal von Schoemanshoek. Straußensteaks und Vegetarische Kost.

***Queens**, Baron van Reede Street, Oudtshoorn, Tel. 044/272 21 01, www.queenshotel.co.za. Geschmackvoll restauriertes, historisches Haus im Stadtzentrum.

Hlangana Lodge, 51 North Street, Oudtshoorn, Tel. 044/272 22 99, www.hlangana.co.za. Optimal an der Straße zu den Cango Caves gelegen Restaurant zu Fuß erreichbar.

Restaurant

Bello Cibo, 146 Baron van Reede Street, Oudtshoorn, Tel. 044/272 32 45, www.

bellocibo.co.za. Pizza und Pasta zu vernünftigen Preisen, Wild- und Straußensteaks (So geschl.).

14 Clanwilliam, Wuppertal und Bushmans Kloof

Die Heimat des Rooibos-Tees.

Rund 240 km nördlich von Kapstadt an der N 7 erreicht man die Ortschaft **Clanwilliam**, ein Zentrum der Landwirtschaft, vor allem für Zitrusfrüchte, Gemüse, Getreide und Tabak. Aus Clanwilliam stammt auch eine südafrikanische Spezialität – der *Rooibos-Tee* (›Rotbusch‹). *Benjamin Ginsberg*, ein russischer Einwanderer, vermarktete Anfang des 20. Jh. erstmals Rooibos, der heute hier in Plantagen angebaut wird. 3000 t Teeblätter – tanninfrei und reich an Vitamin C – werden jährlich verarbeitet und teils exportiert.

Etwa 70 km südöstlich von Clanwilliam vermittelt **Wuppertal** an den Ufern des Tra Tra River einen Eindruck von einer deutschen Missionsstation in Südafrika. Besonders im Frühjahr lohnt sich ein Besuch dieser Gegend, wenn die Landschaft mit wahren Blumenteppichen bedeckt ist. Begehrt sind die im Ort handgefertigten *Veldskoene* (›Feldschuhe‹), robuste und durchaus ansehnliche Wanderstiefel für das ›veld‹.

Etwa 30 km östlich von Clanwilliam an der R 364 liegt das mit einigen luxuriösen Unterkünften ausgestattete private Naturschutzgebiet **Bushmans Kloof** (s. u.), das auf einem früheren Farmgelände inmitten der renaturalisierten Vegetation rund 125 Felsen mit alten *Zeichnungen* der San zeigt, die im Rahmen geführter Touren zu besichtigen sind. Außerdem werden Wildtiersichtungen, Wanderungen, Kanutouren und vieles mehr angeboten. Die Aktivitäten sind allerdings mit Übernachtung auf dem Gelände verbunden, Tagestouren sind nicht möglich.

Praktische Hinweise

Information

Information Centre, Main Street, Clanwilliam, Tel. 027/482 20 24, www.clanwilliam.info

Hotels

*******Bushmans Kloof**, 30 km östlich von Clanwilliam an der R 364, Tel. 021/437 92 78, www.bushmanskloof.co.za. Spa und Wellness, großzügige Zimmer, eine köstliche Küche und viele Freizeitangebote im Naturreservat.

******Ndedema Lodge**, 48 Park Street, Clanwilliam, Tel. 027/482 13 14, www.ndedemalodge.co.za. Viktorianisches Haus mit vier individuell eingerichteten Schlafzimmern und Garten mit Pool.

Die San und ihre Kunst

Die San sind die eigentlichen **Ureinwohner** Südafrikas und nach Ansicht von Paläontologen die älteste noch lebende Spezies des Homo sapiens. Heute leben einige Zehntausend San vorwiegend in Botswana, Namibia und Südafrika. Dieses **Nomadenvolk**, das immer noch mit der Natur und ihren Ressourcen in Einklang lebt, ist im Laufe der Jahrhunderte drastisch dezimiert worden. Vor etwa 2000 Jahren wurden die San von den Khoikhoi verjagt, später von schwarzen Völkern und Europäern bedrängt. Mit Recht kann man diese Menschen echte Ökologen nennen: Sie entnahmen der Natur nie mehr, als sie zum Lebensunterhalt brauchten, westliches Besitzstreben war ihnen fremd.

Fast über ganz Südafrika verstreute **Felsmalereien** (Rock Art) sind stumme

Zeugen dieses künstlerisch so talentierten Volkes. Einige Jagdszenen sind so abstrakt, dass sie an Meisterwerke der Moderne erinnern. Rock Art findet sich in Höhlen und an Felsüberhängen, dabei sind die ältesten Funde weit über 20 000 Jahre alt. **Bushmans Kloof** (s. o.) bei Cedarberg vereinigt auf einem ehem. Farmgelände eine dichte Konzentration von Malereien.

47

Nord-Kap – rote Dünen, bunte Blütenmeere und Diamantenschätze

Vom Tourismus noch weitgehend unberührt, bietet das staubtrockene Nord-Kap vor allem dem *Naturliebhaber* unvergessliche Impressionen: Einsame Küstenstriche am Atlantik, in den bei *Alexander Bay* der Oranje manche Million in Gestalt alluvialer *Diamanten* spült, das wilde **Richtersveld**, dessen Pflanzenvielfalt nicht nur Botaniker begeistert, sowie die roten Sandwüsten der **Kalahari** mit dem *Kgalagadi Transfrontier Park* sind nur einige der landschaftlichen Höhepunkte dieser Provinz. Spannend sind auch **Kimberleys** Diamantenminen, mit denen gegen Ende des 19. Jh. Südafrikas Aufstieg zum großen Diamantenlieferer des Britischen Empire begann.

15 Namaqualand

 TOP TIPP *Im Frühjahr ist diese Diamantenregion ein einziger farbenfroher Blütenteppich.*

Das 50 000 km² große Namaqualand ist gleichbedeutend mit *Blütenpracht*. Nach kurzen Regenschauern verwandelt sich die Halbwüste der Region in ein Meer leuchtender Blumen. Ausgangspunkte für Erkundungsfahrten sind z. B. die Orte *Garies*, *Kamieskroon*, *Springbok* und *Port Nolloth*. An sonnigen Tagen im Frühjahr, also in der Zeit zwischen Anfang August bis Mitte September, erreicht die Farbenpracht der Pflanzen zwischen 11 und 16 Uhr ihre größte Intensität.

Von Nababeep führt die N 7 etwa 60 km nach Norden zu dem Dörfchen *Steinkopf*. Hier zweigt nach Westen die R 382 zu dem 93 km entfernten Atlantikhafen Port Nolloth ab. Kurz hinter Steinkopf genießt man vom *Aninaus Pass* einen herrlichen Rundblick. In **Port Nolloth**, einem Zentrum der Diamantenförderung und dem einzigen Ferienort an der Diamantenküste, flanieren Urlauber am Strand entlang und genießen den Blick auf Fischerboote und Diamantenbagger.

Die 60 km nördlich gelegene Hochsicherheitsregion von **Alexander Bay**, wo Diamanten in der Mündung des Oranje gefördert werden, darf nur mit einer Sondergenehmigung besichtigt werden. *De Beers* ist die weltweit größte Diamantenfirma, die zwei Drittel des Marktes kontrolliert. Nicht nur wegen der Beschaffenheit der Edelsteine trägt das Unternehmen den Beinamen »das härteste Kartell der Welt«. Die Firma setzt die Preise fest und verteilt die Ware an 125 ausgewählte Großhändler auf dem Globus. *De Beers* bietet geführte Touren in das Gebiet der Diamantenküste an (Tel. 027/877 00 28).

ℹ Praktische Hinweise

Information

Information Centre, 14 Dalham Road, Kimberley, Tel. 053/832 26 57, www.experiencenortherncape.com. Aktuelle Infos über die jeweils schönsten Blumengebiete unter Tel. 083/910 10 28

Hotels

****Daisy Country Lodge, 25 Biesjesfontein, Springbok, Tel. 027/712 33 35, www.daisylodge.co.za. Ruhig gelegenes und liebevoll gestaltetes Hotel.

***Masonic Hotel, 3 van Riebeeck Street, Springbok, Tel. 027/712 15 05, www.jcbotha.co.za. Geschmackvoll eingerichtetes Haus, zentral gelegen.

Großer Kudu in der Kalahari. Das charakteristische Merkmal der Antilopen-Männchen sind die in sich gedrehten Hörner.

16 Ai-Ais/Richtersveld Transfrontier National Park

 Knochentrockene Natur von bizarrer Gestalt – eine wahre Fundgrube für Sukkulentenfans.

Im äußersten Nordwesten der Provinz erstreckt sich über eine Fläche von rund 5000 km² der Ai-Ais/Richtersveld Transfrontier National Park, eine Mondlandschaft aus wilden Felsformationen und grandiosen Gebirgsketten. Wanderer

Oben: *Überlebenskünstler – Köcherbäume und Sukkulenten entfalten ihre Pracht in der Dürre des Richtersveld National Park*

Unten: *Der Oranje hat sich tief ins Gestein eingegraben und bildet kurz vor Namibia die berühmten Augrabies Falls*

Halbmänner – Legende einer Pflanze

Typisch für die Flora des Richtersveld sind die **Half-men**, eine Sukkulentenart. In Jahren strenger Dürre werfen die Pflanzen ihre Blätter ab – an den Stämmen bleiben nur die Köpfe übrig, die sich immer nach Norden ausrichten.

Das Volk der **Nama** hat dafür eine bemerkenswerte Erklärung: Als ihre Ahnen in grauer Vorzeit aus Namibia über den Oranje in das Richtersveld abgedrängt wurden, schauten sich einige von ihnen nach Norden um und erstarrten – ähnlich wie Lots Frau im Alten Testament –, allerdings in diesem Fall zu Bäumen.

dürfen sich nur in Begleitung eines Führers auf den Weg machen. Wer sich motorisiert fortbewegen will, ist nur mit einem Fahrzeug mit Vierradantrieb und ausreichend großer Bodenfreiheit entsprechend gerüstet.

Praktische Hinweise
Information
Ai-Ais/Richtersveld Transfrontier National Park, Tel. 027/83115 06, zentrale Reservierung: Tel. 012/428 91 11,
www.sanparks.org/parks/richtersveld

17 Augrabies Falls National Park

Imposanter Canyon mit tosendem Wasserfall in einsamer Halbwüste.

Rund 340 km östlich von Springbok und 120 km östlich von Upington im Namaqualand stürzt der Oranje, mit 2000 km Länge Südafrikas längster Fluss, fast 60 m tief in die gigantische Augrabiesschlucht. Die hier lebenden Korana Khoikhoi wussten, warum sie dem Fluss an dieser Stelle den Namen ›akurabis‹ gaben, denn er bedeutet in ihrer Sprache ›Wasser, das donnert‹. Die *Wasserfälle* zählen zu den zehn größten der Erde. In der Regenzeit bricht der Oranje in 19 Kaskaden in die Tiefe, sein Wasservolumen ist dann größer als jenes der berühmten Victoria Falls.

Dieses Naturwunder ist seit 1966 Herzstück des 820 km² großen Augrabies Falls National Park, der auch die Heimat von *Kudus*, *Springböcken*, *Meerkatzen* und *Pavianen* ist. Zu den Unterkunftsmöglichkeiten gehören moderne *Cottages*. Im *Rest Camp* gibt es darüber hinaus ein Restaurant und Schwimmbäder.

Bei Besichtigung der Wasserfälle ist Vorsicht geboten. Auf den rutschigen Steinen kommt es immer wieder zu Unglücksfällen.

Praktische Hinweise
Information
Augrabies Falls National Park,
Tel. 054/452 92 00,
zentrale Reservierung: Tel. 012/428 91 11,
www.sanparks.org/parks/augrabies

Herbe Schönheit – die unendlich scheinende Halbwüste des Kgalagadi Transfontier Park mit ihren roten Sanddünen besitzt einen eigenen, faszinierenden Reiz

18 Kgalagadi Transfrontier Park

 Funkelnder Sternenhimmel über weitem Wüstensand – Heimat von Springböcken und Löwen.

Der Kgalagadi Transfrontier Park ist mit mit 38 000 km² der größte Nationalpark im südlichen Afrika. Er entstand aus dem südafrikanischen *Kalahari Gemsbok National Park* und dem *Gemsbok National Park* in Botswana. Einreiseformalitäten können neuerdings in Twee Rivieren für Südafrika, Botswana und Namibia erledigt werden. Auch die Gems- und Springböcke, die Antilopen und Löwen können sich nun in dieser Region fantastischer **roter Sanddünen** ungehindert bewegen. Durch das unwegsame Gebiet verlaufen einige wenige Pfade bis in den botswanischen *Moremi National* Park hinein, die mit geländegängigen Fahrzeugen befahrbar sind.

Prächtige Schattenspenderin: die mehr als 1000 m lange Date Palm Avenue in Upington

Kimberley

ℹ Praktische Hinweise

Information

Kgalagadi Transfrontier Park, Tel. 054/561 20 00, zentrale Reservierung: Tel. 012/428 91 11, www.sanparks.org/parks/kgalagadi

19 Upington

Hier steht eine der längsten Dattelpalmenalleen der Welt.

Die aus einer *Missionsstation* um 1870 entstandene Stadt Upington (55 000 Einw.) am Oranje ist landwirtschaftliches und touristisches Zentrum des Nordwestens.

Benannt ist die Siedlung nach dem ehem. Premierminister der Kapkolonie, *Sir Thomas Upington*, der sich Anerkennung durch die Vertreibung von Banditen erworben hatte. Die Siedler machten sich die Fruchtbarkeit des Oranjetales zunutze, installierten Bewässerungssysteme und kultivierten das Umland. Viele der von Hand geschaffenen Wasserkanäle sind noch zu sehen. Die Pionierzeit Upingtons aus der Sicht der Weißen dokumentiert das **Kalahari Oranje Museum** (4 Schröder Street, Tel. 054/332 60 64, Mo–Fr 9–12.30, 14–17 Uhr), dessen Gebäude 1875 als Kirche und Missionsstation errichtet wurden. Ein *Esel-Denkmal* ehrt das Tier, mit dessen Hilfe die Farmer die Bewässerung betrieben haben.

Im Industriegebiet der Stadt lädt die **Orange River Wine Cellars Cooperative** (Tel. 054/337 88 00, www.owk.co.za, Weinprobe Mo–Fr 8–16.30, Sa 9–11.30 Uhr, Kellertour Jan.–März, Mo-Fr 9, 11 und 15 Uhr) zu einer *Weinprobe* und einer Tour durch die *Weinkeller* ein, die die Kooperative zu einer der größten des Landes machen.

Eine Sehenswürdigkeit besonderer Art ist die **South African Dried Fruit Cooperative** (Tel. 054/833 02 36, Mo–Fr 8–12.45 und 14.30–17 Uhr) an der Groblershoop Road südöstlich von Upington: Hier wird die gesamte Sultaninenproduktion Südafrikas für den Export verarbeitet und verpackt. Auf Führungen durch den Betrieb lässt sich die ›Bewältigung‹ von 250 t Sultaninen pro Tag bestaunen.

TOP TIPP Anschließend kann man zur **Date Palm Avenue** fahren, einer in Südafrika einzigartigen Dattelpalmenallee mit 1 km Länge. Sie liegt auf dem Weg zum **Olyvenhout Island**, das am Ostufer des Orange River unweit der Stadt liegt.

Von der Traube zur Trockenfrucht – unter der Sonne Upingtons reifen sämtliche Sultaninen des Landes heran

ℹ Praktische Hinweise

Information

Tourist Information, Kalahari Oranje Museum Complex, Schröder Street, Upington, Tel. 054/338 71 51, www.upington.co.za

Hotel

À La Fugue, 40 Jan Groentjieweg, Upington, Tel. 054/338 04 24, www.lafugueguesthouse.com. Üppiger Garten und ein Hauch von klassischer Musik.

20 Kimberley

Diamanten begründeten den enormen Reichtum der Stadt.

Die heute etwa 250 000 Einwohner zählende Stadt ist Südafrikas einstige *Diamantenmetropole*. Sie entstand im späten 19. Jh. um das *Big Hole*, die größte je von Menschenhand geschaffene Tagebaumine. Die ersten Steine wurden in diesem Gebiet 1866 gefunden, bald darauf betrug der Wert der jährlichen Ausbeute 3 Mio. Britische Pfund. 1871 entdeckte man schließlich auf der Farm Vooruitzicht, die dem Brüderpaar *De Beer* gehörte, ebenfalls Diamanten. Die Kunde von dem Fund verbreitete sich rasch und

Kimberley

Ein Prost auf die alten Minentage – die rekonstruierte Diggers Rest Bar im Kimberley Mine Museum and Big Hole erinnert an die Glanzzeit des Diamantenbooms

rund 30 000 Digger strömten herbei, die in der Folge zur Entstehung Kimberleys entscheidend beitrugen.

Man begann damit, *Claims* (Grubenfelder) abzustecken und formale Besitztitel zu verkaufen. Das war die Stunde der *Randlords*, jener Bankiers und Minenmagnaten, die mit ihrem Kapital zunächst in Kimberley Diamantenclaims und später am Witwatersrand (the Rand) – daher auch ihr Name – bei Johannesburg Goldclaims kontrollierten. Die führenden Minenbesitzer in Kimberley waren *Cecil John Rhodes*, *Barney Barnato* und *Alfred Beit*, ein gebürtiger Hamburger, der mit 22 Jahren bereits Millionär war.

Im Jahre 1888 gründete Rhodes das noch heute existierende Diamantenunternehmen *De Beers*, indem er die Minengesellschaft seines Konkurrenten Barnato aufkaufte. Bezahlt wurde der Deal mit einer der höchsten Summen, die damals einen Scheck geziert haben dürften: Das Papier mit dem Betrag von 5 338 650 Britischen Pfund hängt heute im Sitzungssaal von De Beers in Kimberley.

Zu Beginn des 20. Jh. erweiterte die Minengesellschaft De Beers unter der Führung des aus Friedberg in Hessen gebürtigen *Ernest Oppenheimer* ihren Besitz an Minen im Raum von Kimberley erneut, sodass nur noch wenige Privatminen in dieser Gegend tätig waren. Heute gehen die Minen von Kimberley allerdings ihrer Erschöpfung entgegen, Südafrikas Diamantenreichtum liegt jetzt ganz im Norden am Limpopo und an der Oranjemündung in der Nähe von Alexander Bay.

Mindestens einen halben Tag sollte man für den Besuch des Freilichtmuseums **Kimberley Mine Museum and Big Hole** (Tucker Street, Tel. 053/839 46 00,

Das gigantische Big Hole in Kimberley wirkt fast wie ein Vulkankrater.

www.thebighole.co.za, tgl. 8–17 Uhr, Voranmeldung erwünscht) einplanen. Die Anlage rekonstruiert Kimberley in seinen viktorianischen Glanztagen während des Diamantenbooms. Dazu gehören Geschäfte, Saloons, eine Digger-Taverne, eine Kirche, Barney Barnatos Boxing Academy sowie der private Eisenbahnwaggon des Direktors von De Beers. Die *De Beers Hall* präsentiert ungeschliffene Diamanten und Schmuck. Zu sehen ist auch der ›616‹ (616 Karat), der größte ungeschliffene Diamant der Welt, und ›Eureka‹, der erste in Südafrika entdeckte Diamant. Die große Attraktion des Geländes ist der Blick in das direkt angrenzende **Big Hole**. Die Digger gruben zunächst bis zu einer Tiefe von 400 m. Als die Grube im Jahr 1914 aufgegeben wurde, hatte man eine Tiefe von 1100 m erreicht. Heute ist sie ein zu drei Vierteln mit Wasser gefüllter Krater.

Einzigartig in Südafrika ist die **Duggan-Cronin Gallery** (Egerton Road, Tel. 053/839 27 00, Mo–Fr 8–17 Uhr) im Osten der Stadt. Zu sehen ist hier eine beeindruckende Sammlung von über 8000 Fotos, die der irische Minenmagnat *Alfred Duggan-Cronin* in den Jahren 1919–39 aufnahm. Im Mittelpunkt der Sammlung stehen Bilder von San und Nama mit traditioneller Haartracht, Gesichtsbemalung und Kleidung.

Praktische Hinweise

Information
Tourist Information Centre Kimberley, 51 Drakensberg Street, Tel. 053/830 67 79, www.kimberley.co.za

Hotels
****Edgerton House**, 5 Edgerton Road, Belgravia, Kimberley, Tel. 053/831 11 50, www.edgertonhouse.co.za.
Luxuriöses Guest House in einem historischen Gebäude aus der Zeit des Diamantenbooms, mit Pool und Teegarten.

***Garden Court Kimberley**, 120 Du Toitspan Road, Kimberley, Tel. 053/833 17 51, www.southernsun.com.
Großes modernes Haus im Zentrum mit Swimmingpool, Sauna und Restaurant.

***Langberg Guest Farm**, Beaconsfield, Fernstraße N 12, etwa 21 km südlich von Kimberley, Tel. 053/832 10 01, www.langberg.co.za. Farm inmitten der im Frühjahr blühenden Halbwüste. Holzinterieur und viktorianische Bäder.

Ost-Kap – faszinierende Berglandschaften und viktorianische Bilderbuchstädte

Die landschaftliche Vielfalt ist ein besonderer Reiz der Provinz Ost-Kap: immergrüne Wälder in der **Tsitsikamma Area** des Garden Route National Park, steile Klippen und weiße Sandstrände an der **Wild Coast**. Dazwischen begeistern Orte wie **Graaff-Reinet** und **Grahamstown** mit ihrer viktorianischen Architektur oder **Port Elizabeth** und **East London** mit ihren Stränden, die zum Baden, Tauchen und Surfen einladen. In dem ehemaligen Homeland **Transkei**, das in die neu geschaffene Provinz eingegliedert wurde, liegt das kleine Dörfchen **Qunu**. Seit dem 15. Dezember 2013 hat **Nelson Mandela** hier seine letzte Ruhestätte gefunden. Südafrikas größtem Sohn ist das **Nelson Mandela National Museum** gewidmet.

21 Garden Route National Park und Jeffrey's Bay

Dichte Wälder, Felsküsten und ein Surfparadies.

Der Garden Route National Park fasst den Wilderness National Park (s. S. 42), den Tsitsikamma National Park und die Knysna Lake Area (s. S. 42) zu einem großen Nationalpark zusammen. Ein besonders schöner Teil ist die knapp 60 km östlich des Seebades Plettenberg Bay gelegene **Tsitsikamma Area**, *(TOP TIPP)* die aus einem herrlichen Waldgebiet sowie einem Küstenstreifen mit abwechslungsreicher Meeresfauna besteht. Die hohe Niederschlagsmenge speist zahlreiche Flüsse und Bäche. Im Park gibt es eine Reihe seltener, einheimischer Baumarten wie Outeniqua Yellowwood, Stinkwood, Black Ironwood und Assegai. Drei längere *Wanderwege* erschließen dieses Reich voller üppiger Vegetation.

Der zum Reservat gehörende vorgelagerte Meeresstreifen war das erste Meeresschutzgebiet in Afrika, seine Ernennung zum Nationalpark die Antwort auf einen entsprechenden Appell der ersten Weltkonferenz für Nationalparks 1962 in Seattle. Die Tsitsikamma Area erstreckt sich über etwa 80 km Küstenlinie und umfasst bizarre Klippen, einsame Strände, Schluchten und Priele in Fels und Sand.

Zumeist dicht am Meeresufer entlang führt der **Otter Trail**, einer der *(TOP TIPP)* beliebtesten Fernwanderwege des Landes. Elf Flüsse sind während der Wanderung zu durchqueren. Der Fünftagemarsch über insgesamt 42 km steht unter der Kontrolle des **National Parks Board** (Tel. 012/426 51 11) in Pretoria/Tshwane, an das auch wegen der begrenzten Übernachtungskapazitäten ein Jahr im Voraus Reservierungswünsche zu richten sind.

120 km östlich von Storms River, dem Zentrum des Nationalparks, gelangt man unweit der N 2 zu einem der weltweit bekanntesten Surfgebiete. **Jeffrey's Bay** am Indischen Ozean hat ein gemäßigtes Klima, herrliche Strände und zwischen Mai und August optimale Surfbedingungen mit wunderschönen, gleichmäßigen und hohen Wellen. In der Bibliothek an der Strandpromenade ist die Muschelsammlung des **Shell Museum** (Mo–Sa 9–16, So 9–13 Uhr) sehenswert.

ℹ Praktische Hinweise

Information
Garden Route National Park,
Tel 042/281 16 07, zentrale Reservierung:

Urwaldgefühle – in saftig-grüner Üppigkeit wuchernde Vegetation im Tsitsikamma National Park

57

21 Garden Route National Park und Jeffrey's Bay

Wellen, Wasser, Wonne pur – Jeffrey's Bay ist ein wahres Surferparadies

Tel. 012/428 91 11, www.sanparks.org/parks/garden_route

Jeffrey's Bay Tourism, Da Gama Street, Jeffrey's Bay, Tel. 042/293 29 23, www.jeffreysbaytourism.org

Hotels

***Armagh Country Lodge & Spa**, 24 Fynbos Avenue, Storms River, Tel. 042/281 15 12, www.thearmagh.com. Gemütliches Ambiente inmitten dichter Wälder am Fuße der Tsitsikamma-Berge.

***Tsitsikamma Lodge**, Storms River, Tel. 042/280 38 02, www.tsitsikammalodge.com. Rustikale Blockhäuser und Grillplätze. Wanderwege führen durch Wälder und entlang des Storms River.

Diaz 15, 15 Diaz Road, Jeffrey's Bay, Tel. 042/293 17 79, www.diaz15.co.za. Luxuriöse Apartments mit Frühstück in einem modernem Haus direkt am Hauptstrand.

22 Port Elizabeth

Das Detroit Südafrikas.

Wegen seiner bedeutenden Autoindustrie seit langem auch als das Detroit Südafrikas bekannt, verfügt Port Elisabeth über einen wichtigen Hafen und erfreut sich mit seinen langen Sandstränden großer Beliebtheit vor allem bei den Bewohnern des Hinterlandes. Mit den Städten Uitenhage und Despatch bildet ›P E‹, wie die Stadt meist knapp tituliert wird, seit 2001 die Nelson Mandela Bay Municipality.

Geschichte Bartholomeu Diaz war der erste Europäer, der 1488 in die Algoa Bay einlief. In den nächsten 300 Jahren ereignete sich jedoch nicht viel, erst 1799 errichteten die Briten hier das *Fort Frederick*. Allmählich entstand eine kleine Siedlung, die im Jahre 1820 durch 5000 britische Neuankömmlinge Zuwachs bekam. Sie sollten ein Gegengewicht zu den südwärts vordringenden schwarzen Stämmen bilden In den Folgejahren wuchs die Bedeutung der Stadt als Hafen und Handelszentrum. Benannt wurde sie nach der Gattin des Gouverneurs *Sir Rufane Donkin*.

1869 fand hier die erste Diamantenauktion in der Kapkolonie statt, und 1874 verließ das erste Gold den Hafen. Als Ankerplatz war P E nicht immer sicher: Am 31. August 1902 schleuderte ein starker Südwester 19 Schiffe auf die Felsen. Heute besitzt Port Elizabeth jedoch einen geschützten Tiefwasser-Hafen.

Besichtigung Einen schönen Überblick über die Stadt gewährt der 52 m hohe **Campanile** am Eingang des Hafens. Er wurde im Jahre 1923 zur Erinnerung an die Siedler von 1820 errichtet. Bemerkenswert ist das aus 23 Glocken bestehende Glockenspiel

Auf dem Weg in die City trifft man auf den **Market Square** mit der *City Hall*. Er war früher Ausspannplatz für die gewaltigen Ochsenwagen. Hier, im historischen Zentrum der Stadt, findet samstags ein kunterbunter Flohmarkt statt, der zum Stöbern einlädt. Im Mayor's Garden der **City Hall**, die nach einem Brand im Jahre 1977 restauriert wurde, steht eine Kopie

23 Addo Elephant National Park

des **Diaz-Kreuzes**, jenes Steinkreuzes, das Bartholomeu Diaz 1488 nahe dem Kap Padrone an der Algoa Bay (östlich von Port Elizabeth) errichtet hatte. Dort entdeckte im Jahre 1935 Professor *Eric Axelson* von der University of the Witwatersrand in Johannesburg Teile des Originalkreuzes, die heute in der Bibliothek der Universität ausgestellt sind. Empfehlenswert ist der am Market Square beginnende **Donkin Heritage Trail**, eine 5 km lange Route durch den historischen Stadtkern, vorbei an 47 Stätten ehemaliger Siedlergeschichte (Infos im Tourist Office am Donkin Hill, s. u.).

Etwa 1 km außerhalb der City liegt an der Beach Road im Stadtteil Humewood die **Bayworld** (Beach Road, Tel. 041/584 06 50, www.bayworld.co.za, tgl. 9–16.30 Uhr). Im dortigen *Oceanarium* leben neben über 60 verschiedenen Fischarten auch Seehunde, Seepferdchen, Pinguine und Haie, im Snake Park kann man giftige und ungiftige Reptilien beobachten. Schließlich widmet sich das Port Elizabeth Museum der Kultur- und Naturgeschichte der Region. Werkzeuge der Khoisan zählen ebenso zu den Exponaten wie Fossilien und Schiffsmodelle. Eine weitere Attraktion im Stadtteil Summerstrand ist das in viktorianischem Stil hübsch angelegte Einkaufs- und Vergnügungszentrum **Boardwalk** (2nd Avenue, Tel. 027/117 80 78 10, www.boardwalk.co.za). Rund um einen künstlichen See wird hier mit einem Kasino, mit Geschäften, Kinos, Restaurants und Bars alles geboten, was Spaß macht.

Praktische Hinweise

Information

Nelson Mandela Bay Tourism, Donkin Lighthouse Building, Donkin Hill, Port Elizabeth, Tel. 041/582 25 75, www.nmbt.co.za

Hotels

Keiskama Bed & Breakfast, 12 Keiskama Street, Summerstrand, Port Elizabeth, Tel. 084/585 18 88, www.keiskama.co.za. In Strandnähe und bequem unweit von Restaurants, Geschäften und dem Boardwalk Casino Complex gelegen.

Fifth Avenue Beach House, 3 Fifth Avenue, Summerstrand, Port Elizabeth, Tel. 041/583 24 41, www.fifthave.co.za. Zehn Minuten vom Stadtzentrum, nahe am Strand, mit Pool.

Restaurants

The Old Austria, Westbourne Road, Port Elizabeth, Tel. 041/373 02 99, www.oldaustria.co.za. Ein südafrikanischer Koch, der sein Handwerk in Österreich lernte.

Geschichtsträchtig: Diaz-Kreuz vor der City Hall in Port Elizabeth

23 Addo Elephant National Park

Jede Menge Dickhäuter und seltene Kapbüffel.

Der rund 70 km nördlich von Port Elizabeth gelegene, 164 000 ha große National Park wurde 1931 gegründet, um die letzten elf *Addo-Elefanten* vor der Ausrottung zu bewahren. Die einst mehr als 130 Tiere umfassende Herde war zu Beginn des 20. Jh. von den Farmern der Gegend dezimiert worden. Heute leben wieder über 200 ›Addos‹ in dem Park, dessen ›Elefantendichte‹ damit viermal so groß ist wie die des Kruger National Park [Nr. 39]. Außer den Elefanten verdienen im Addo insbesondere die einzigen lebenden *Kapbüffel* Beachtung. Zu den Einrichtungen des Parks gehören verschiedene Unterkunftsmöglichkeiten, vom Rondavel (einfache Rundhütte) bis hin zur Luxuslodge, ein Pool sowie ein

23 Addo Elephant National Park

Heimat für Dickhäuter – im Addo Elephant National Park leben heute wieder zahlreiche der einst vom Aussterben bedrohten Addo-Elefanten

Restaurant. Der 12 km nördlich gelegene *Zuurberg National Park* mit seiner interessanten Flora ist heute Teil des Addo Elephant National Park.

Ausflug

Etwa 30 km östlich an der R 42 zwischen Paterson und Grahamstown liegt das private Wildreservat **Shamwari Game Reserve** mit dem gleichnamigen Herrensitz, der heute Hotel ist (s. u.). Mehrere Farmgebäude wurden aufgekauft und restauriert. Mittlerweile ist ein Reservat von 14 000 ha entstanden. Unter Berücksichtigung ökologischer Gesichtspunkte wird das Buschgelände wieder Refugium für solche Tiere, die vor der Ankunft der Siedler hier heimisch waren. Dazu zählen Elefanten, Giraffen, Büffel, Löwen sowie das schwarze und weiße Rhinozeros. Ranger unternehmen mit den Hotelgästen spannende Tages- und Nachttouren.

Rund 25 km westlich bietet sich in dem 120 ha großen **Seaview Game & Lion Park** (Tel. 041/378 17 02, www.seaviewpredatorpark.com, tgl. 8–17 Uhr) die Möglichkeit der Beobachtung zahlreicher Großwildarten, insbesondere von Löwen.

Praktische Hinweise

Information

Addo Elephant National Park, Tel. 042/233 86 00, zentrale Reservierung: Tel. 012/428 91 11, www.sanparks.org/parks/addo

Shamwari Game Reserve, Swartkops, Port Elizabeth, Tel. 041/509 30 00, www.shamwari.com

24 Graaff-Reinet

Stadtjuwel mit 200 historischen Gebäuden im Valley of Desolation

Die Stadt an den Ausläufern der Sneeuberg Mountains und in der Nähe des Valley of Desolation ist bekannt für ihre über 200 historischen Gebäude, die heute den Status eines Nationaldenkmals genießen. Nicht zuletzt dem großen Engagement privater Stiftungen ist es zu verdanken, dass ganze Straßenzüge vor dem Verfall bewahrt werden konnten.

Geschichte Im Jahre 1786 gegründet, entwickelte sich der nach dem *Gouverneur van de Graaff* und seiner Frau *Cornelia Reinet* benannte Ort im 19. Jh. zu einem außerordentlich wohlhabenden Zentrum der Schafzucht. Graaff-Reinet erklärte sich 1795 vorübergehend für unabhängig, da

24 Graaff-Reinet

dass man rückblickend vom ›Goldenen Zeitalter‹ Graaff-Reinets gesprochen hat.

Besichtigung Das im Jahr 1806 erbaute Magistratsgebäude **Drostdy** in der Church Street ist heute ein Hotel. Beispielhaft für die traditionelle kapholländische Architektur ist die strahlendweiße, klar gegliederte Fassade mit einem Giebel über dem Portal. Im *Stretch's Court* hinter dem Gebäude lebten einst die Sklaven.

Ein imposantes Beispiel kapholländischer Architektur ist das **Reinet House** (Tel. 049/892 38 01, www.graaffreinetmuseums.co.za, Mo–Do 8–16.30, Fr 8–16, Sa/So 9–13 Uhr) gegenüber dem Drostdy Hotel am Ende der Parsonage Street. Das Gebäude wurde 1806–12 von der Holländisch-Reformierten Kirche errichtet, 1952 zum Nationaldenkmal erklärt und 1980 durch ein Feuer zerstört. Seinen Wiederaufbau ermöglichten Spenden. Heute ist es ein Museum, das Möbel, Handarbeiten und Werkzeuge der damaligen Zeit zeigt.

Die **Hester Rupert Art Gallery** (Tel. 049/892 21 21, www.rupertartmuseum.co.za, Mo–Fr 9–12.30 und 14–17, Sa/So 9–12 Uhr) in der Church Street beherbergt über 100 Arbeiten südafrikanischer Künstler in einem Gebäude von 1821, das für sich allein schon einen Besuch wert ist. Ursprünglich missionierte die Kirche hier die ›Farbigen‹ des Ortes. Als der Verfall des Hauses drohte, finanzierte *Anton Rupert*, ein aus Graaff-Reinet stammender Großindustrieller, 1965 die Restaurierung. Das Gebäude trägt seither den Namen seiner Mutter.

seine Bewohner mit dem Schutz vor den indigenen Völkern durch die britische Regierung am Kap unzufrieden waren.

Erbitterte Kämpfe lieferten sich die frühen Siedler mit den Ureinwohnern des Landes, den *San*. Fast 3000 San kamen dabei um, die Überlebenden verließen ihre Heimat oder verdingten sich als Farmarbeiter. Seit den 1850er-Jahren zogen vor allem britische Farmer in die Region, später auch deutsche. Die Mohair- und Angora-Produktion blühte auf, so-

Würdevolle Eleganz – das einstige Verwaltungsgebäude The Drostdy in Graaff-Reinet ist heute ein stilvoll eingerichtetes Hotel

Ausflug

Knapp 10 km nordwestlich der Stadt erreicht man über die R 63 einen Aussichtspunkt, der einen fantastischen Blick in das **Valley of Desolation** (›Tal der Trostlosigkeit‹) bietet. Zu Füßen liegen in 120 m Tiefe Graaff-Reinet und eine urzeitlich wirkende Landschaft. Das Tal entstand im Verlauf von Jahrmillionen durch Verwitterungserosion. Der stete Wechsel von Hitze und Kälte sowie Trockenheit und Nässe ließ das Gestein zerbröseln und brachte bizarre Felsformationen hervor.

Praktische Hinweise

Information

Information Bureau, Old Library, Church Street, Graaff-Reinet, Tel. 049/892 42 48, www.graaffreinet.co.za

Hotels

*****Samara Private Game Reserve, ca 60 km südöstlich von Graaff-Reinet in der Cameboo gelegen, Tel. 023/626 61 13, www.samara.co.za. Das luxuriös ausgestattete Kolonialhaus mit seinen separaten Cottages befindet sich auf einem der größten und vielseitigsten privaten Narurreservate des Landes.

****Andries Stockenström Guest House, 100 Cradock Street, Graaff-Reinet, Tel. 049/892 45 75, www.asghouse.co.za Zentral gelegenes, ehem. Herrschaftshaus, gute Küche der Region.

25 Grahamstown

Die Universitäts- und Festivalstadt liegt im alten Grenzland.

Die wegen ihrer 40 Kirchen auch ›Stadt der Heiligen‹ genannte Metropole des ›Siedlerlandes‹ ist vor allem wegen ihres gut erhaltenen *viktorianischen Ortskerns* einen Besuch wert. Sie entstand 1811 als Garnisonstadt zur Abwehr der von Nordosten vordringenden *Xhosa-Stämme*. Im April 1819 schlug ihre düsterste Stunde,

---

›Die Toten werden auferstehen‹ – Nongqawuses Prophezeiung

Nongqawuse, eine 14-jährige ›Prophetin‹ vom Stamm der **Gcaleka-Xhosa**, wurde im Kentani-Distrikt der Transkei geboren und von ihrem Onkel Mhalakaza, einem Medizinmann, großgezogen. Es war um die Mitte des 19. Jh., die Zeit nach dem Achten Grenzkrieg zwischen den Briten und den Xhosa, der mit der Niederlage der Xhosa geendet hatte, da behauptete die Prophetin eines Tages, sie habe Gesichter ihrer Vorfahren in einem Tümpel des Gxara-Flusses gesehen. Die **Botschaft der Ahnen** habe gelautet: »Gehe hin und sage, das gesamte Volk wird von den Toten auferstehen! Verkünde, alles Vieh muss vernichtet werden, denn es wurde von Händen gehütet, die verhext waren. Sage auch, dass die gesamte Ernte zerstört werden muss!« Nongqawuses Prophezeihung zufolge sollten Soldaten, in denen die Seelen verstorbener Xhosa Krieger wohnten, am 18. Februar 1857 über das Meer kommen, durch das berühmte Felsloch *Hole in the Wall* [s. S. 67] an Land gehen und die verhassten Engländer vertreiben. Um den Kriegern zum Sieg zu verhelfen, mussten die Xhosa die besagten Opfer bringen.

Xhosafrau mit Gesichtsbemalung

Trotz Warnungen der britischen Besatzungsmacht töteten die Gcaleka daraufhin rund 350 000 Stück **Vieh** und vernichteten den Großteil ihrer **Erntevorräte**. Doch der besagte 18. Februar kam und ging wie jeder andere Tag. Viele tausend Angehörige verschiedener Xhosa-Stämme starben im Verlaufe den nun unausweichlichen **Hungertod**.

Nongqawuse wurde am Ufer des Mbashe-Flusses verhaftet, einige Zeit auf Robben Island interniert und schließlich auf die Farm Glen Shaw im Ost-Kap verbracht, wo sie 1898 starb. Eine Bronzetafel erinnert heute auf der Farm an die Prophetin, deren verheißungsvolle Vision großes Leid für die Xhosa zur Folge hatte.

26 Port Alfred

Das im Herrenhaus-Stil errichtete Hotel Halyards liegt direkt an der Marina von Port Alfred

als im Fünften Grenzkrieg 10 000 Xhosa die 350 britischen Soldaten der Garnison angriffen. Den Briten gelang es, den Überfall zurückzuschlagen, die Xhosa hatten über 1000 Gefallene zu beklagen.

Mit dem Zustrom britischer Siedler seit 1820 entwickelte sich Grahamstown zu einem regen Handelszentrum und zur zweitgrößten Gemeinde der Kapkolonie. An Markttagen trafen hier bis zu 2000 Ochsenwagen und Karren ein, was eine Straßenverbreiterung erforderlich machte, um ein Wenden der Gespanne zu ermöglichen. Heute ist Grahamstown Sitz der **Rhodes University**.

Grahamstown hat sich zur Festival-Hauptstadt Südafrikas entwickelt. Landesweites Interesse genießt alljährlich im Juli das **National Arts Festival** (www.nafest.co.za), das kulturelle Darbietungen von Musik und Film über Tanz und Theater bis hin zu einem großen Flohmarkt im Stadtzentrum umfasst.

Sehenswert ist das **Observatory Museum** (Tel. 046/622 23 12, Mo–Fr 9–16.30, Sa 9.30–13 Uhr) in der Bathurst Street, das als besondere Attraktion die einzige Camera obscura Südafrikas zeigt, mit deren Hilfe ein weites Panorama der Stadt projiziert werden kann. Das *Galpin's Tower House*, in dem das Museum untergebracht ist, lohnt allein wegen seiner Architektur und seiner gediegenen Möblierung einen Besuch.

In der Somerset Street dokumentiert das **History Museum** (Tel. 046/622 23 12, Di–Fr 9–16.30, Sa 9–13 Uhr) die Geschichte der Xhosa und der weißen Siedler in der Region.

Praktische Hinweise

Information

Makana Tourism, 63 High Street, Grahamstown, Tel. 046/622 32 41, www.grahamstown.co.za

Hotels

******The Cock House**, Country House and Restaurant, 10 Market Street, Grahamstown, Tel. 046/636 12 95, www.cockhouse.co.za. Traditionsreiches Landgasthaus von 1820.

Jenny's Guest House, 9 Duvlerton Road, Grahamstown, Tel. 046/636 15 41, www.jennys.co.za. Moderne Eleganz in historischem Ambiente.

26 Port Alfred

Tauchparadies vor herrlichen Stränden.

Rund 70 km südöstlich von Grahamstown bietet dieser beschauliche Ferienort am Indischen Ozean, an der Mündung des Kowie River, Gelegenheit zu ausge-

26 Port Alfred

dehnten Strandwanderungen. Port Alfred genießt heute den Ruf eines Wassersport-Paradieses, in dem Taucher voll auf ihre Kosten kommen. Doch auch der **Royal Port Alfred Golf Course** (St. Andrews Road, Tel. 046/624 47 96, www.rpagc.co.za) – den Zusatz Royal dürfen weltweit nur etwa 70 Golfplätze führen, die einmal die Ehre hatten, von einem Mitglied der britischen Königsfamilie bespielt worden zu sein – steht Besuchern offen. Kanusportler können sich am 18 km langen **Kowie Canoe Trail** versuchen. Boote werden am ehem. Riverside Caravan Park vermietet, wo auch die Tour beginnt.

ℹ Praktische Hinweise

Information
Port Alfred Tourism, Cause Way, Port Alfred, Tel. 046/624 12 35, www.portalfred.co.za

Hotels
***Halyards**, Albany Street, Port Alfred Marina, Port Alfred, Tel. 046/624 85 25, www.riverhotels.co.za. Elegant und modern eingerichtetes Hotel. Zum Sportangebot gehören Tauchtouren, Wasserski und Kanufahren. Das Restaurant bietet ein reiches Buffet und serviert erstklassige Fischspezialitäten.

My Pond Hotel, Van Der Riet Street, Port Alfred, Tel. 046/624 46 26, www.mypondhotel.com. Hotel im Besitz einer Hotelfachschule mit besonders aufmerksamem Personal.

27 East London

Heimat des prähistorischen Quastenflossers und Ausgangspunkt für faszinierendes Wracktauchen.

Die etwa 500 000 Einwohner zählende, einzige Flusshafenstadt Südafrikas erstreckt sich an der breiten Mündung des *Buffalo River* in den Indischen Ozean. Ausgedehnte Sandstrände laden zum Sonnenbaden und zu allen erdenklichen Arten des Wassersports ein. Zusammen mit einigen anderen Orten der Umgebung bildet East London seit einiger Zeit die Großgemeinde Buffalo City.

Geschichte Die ersten Weißen, die hier zu Beginn des 19. Jh. auftauchten, waren Schiffbrüchige. Während des Siebten Grenzkrieges der Briten gegen die Xhosa

(1846/47) gewann der kleine, ursprünglich *Port Rex* genannte Hafen Bedeutung für die Kapkolonie. In den späten 1850er-Jahren erfuhren die Stadt und die umliegende Region *Kaffraria* einen Zustrom an weißen Farmern, als zunächst knapp 2500 deutsche Legionäre des britischen Krimkrieg-Kontingents hier zur Grenzsicherung angesiedelt wurden. Gouverneur *Sir George Grey* siedelte 1858 noch einmal 2700 Deutsche dort an. Ortsnamen wie Frankfort, Berlin und Hamburg bezeugen noch heute die deutschen Wurzeln, ein von *Lippy Lipschitz* geschaffenes **Denkmal** an East Londons Beachfront erinnert an diese Einwanderungswelle.

Besichtigung Das **East London Museum** (Tel. 043/743 06 86, www.elmuseum.za.org, Mo–Do 9.30–16.30, Fr 9.30–16 Uhr) an der Oxford Street zählt zu den herausragenden naturgeschichtlichen Museen Südafrikas. Prunkstück der Sammlungen ist der *Coelacanth*, ein Quastenflosser, der 1938 vor der Chalumna-Mündung Fischern ins Netz ging. Bis dahin war angenommen worden, diese Fischart sei vor 70 Mio. Jahren ausgestorben. Andere Exponate des Museums widmen sich der *Xhosa-* und *Mfengu-Kultur* sowie dem Leben der deutschen Einwanderer.

Eine weitere Attraktion East Londons ist das **Aquarium** (Tel. 043/705 26 37, www.elaquarium.co.za, tgl. 9–17 Uhr) an der Esplanade mit Blick auf den Indischen Ozean. Hier kann man Robben bei ihren Kunststücken bestaunen und Pinguinen beim Essen zusehen. Ein langer Pier lädt zur Walbeobachtung ein.

Am Buffalo River in der Nähe der Buffalo Bridge ist das Vergnügungsviertel **Latimer's Landing** mit seinen Bars und Restaurants einen Besuch wert.

East London ist ein beliebtes Reiseziel für Taucher, denn vor der Küste liegen über 100 **Schiffswracks**. Die Tauchschulen des Ortes veranstalten erlebnisreiche Unterwasserexpeditionen in den gesunkenen Booten. Gute **Sandstrände** in der näheren Umgebung der Stadt sind *Orient*, *Eastern* und *Nahoon Beach*.

ℹ Praktische Hinweise

Information
Buffalo City Tourism, Fire station, 2nd Floor, Fleet Street, East London, Tel. 043/736 30 19, www.bctourism.co.za, www.buffalocity.gov.za

28 Mthatha und Wild Coast

Erdverbunden: Rundhütten der Xhosa bei Mthatha im einstigen Homeland Transkei

Hotels

****Quarry Lake Inn, Quarzite Drive, East London, Tel. 043/707 54 00, www.quarrylakeinn.co.za. Ruhige Lage an einem kleinen See.

***Southern Sun Hemingways, Two Rivers Drive, East London, Tel. 043/707 80 00, www.tsogosunhotels.com. Direkter Zugang zu einem Einkaufszentrum mit Kinos und Restaurants.

The Loerie Hide, 2 B Sheerness Road, Bonnie Doon, East London, Tel. 043/735 32 06, www.loeriehide.co.za. Gemütliches, strohgedecktes Cottage im Xhosa-Stil.

Restaurants

Grazia Fine Food And Wine, Upper Esplanade Beach Front, East London, Tel. 043/722 20 09. In-Lokal in der Nähe der Strandpromenade.

Marisol, 5 Epsom Road, East London, Tel. 043/735 32 36. Kleines Restaurant mit portugiesischer Küche.

28 Mthatha und Wild Coast

Zwischen imposanten Bergketten und malerischen Küsten scheint hier die Zeit stehen geblieben zu sein.

Das in den 1860er-Jahren gegründete **Mthatha** (früher Umtata) war 1976–94 Hauptstadt des Apartheid-Homeland *Transkei*, das heute in die Provinz Ost-Kap integriert ist. Sie ist die Heimat der vier Stämme *Xhosa*, *Pondo*, *Podomise* und *Bomvana*. Eine Reihe politischer Persönlichkeiten stammen von hier: *Nelson Mandela* und seine Exfrau *Winnie Madikizela-Mandela* sowie der Nachfolger Mandelas im Amt des Präsidenten, *Thabo Mbeki*, und der frühere ANC-Führer *Oliver Tambo*. Heute ist Mthatha Handelszentrum und Sitz einer Universität.

Die bedeutendste Sehenswürdigkeit der Stadt ist das **Nelson Mandela National Museum** (Nelson Mandela Drive, Owen Street, Tel. 047/532 51 10, www.mandelamuseum.org.za, tgl. 9–16 Uhr), von dem ein Teil in dem Parlamentsgebäude *Bungha* untergebracht ist. Gezeigt wird hier eine Ausstellung über das eindrucksvolle Leben und Werk des bedeutenden südafrikanischen Politikers auf der Grundlage seiner Autobiografie ›A Long Walk to Freedom‹ (2004). Außerdem werden Geschenke präsentiert, die Nelson Mandela aus dem Ausland erhielt. Nach dem Tod Mandelas wurde das Museum wegen Umbauarbeiten geschlossen. Es soll Ende 2014 wieder eröffnet werden.

Zwei weitere Gedenkstätten befinden sich außerhalb von Mthatha. In **Qunu**, einige Kilometer südwestlich auf der N 2, hat Mandela seine frühe Kindheit verbracht. In dem Ort kann man die Kirche besichtigen, in der Mandela getauft wurde, und Reste der Schule, die er besucht hat. Außerdem ist mit dem *Youth and Heritage*

Mtatha und Wild Coast

Centre ein gut ausgestattetes Konferenzzentrum eingerichtet worden (Tel. 047/538 02 17). **Mvezo,** ca. 50 km außerhalb Mthathas an der N 2 Richtung Kapstadt, ist das Dorf, in dem Mandela geboren wurde. Hier hat man ein kleines Freilichtmuseum mit Fotografien eingerichtet. Außerdem werden Führungen zu den Resten des Geburtshauses von Mandela und zum Dorf angeboten.

Die Stadt Mthatha eignet sich auch gut als Ausgangspunkt für unvergessliche Abstecher an die Wild Coast. Mit ihren einsamen und eindrucksvollen Küstenlandschaften zeigt die **Wild Coast** auch heute noch ein Stück ursprüngliches Afrika. Wenigstens einen oder zwei der nicht immer leicht zugänglichen Orte an der Küste sollte man gesehen haben, denn das Landschaftsbild aus üppig subtropisch bewachsenen Dünen- und Hügelketten am Meer hinter weißen Sandstränden, durch die sich träge ein ›Urwaldfluss‹ den Weg bahnt, ist großartig. Die Orte liegen im Durchschnitt rund 100 km von der im Inland verlaufenden N 2 entfernt und sind oft nur über einfache Schotterstraßen erreichbar.

Von Süden aus Richtung East London kommend, verlässt man die geteerte N 2

Nelson Mandela – ein Mythos des schwarzen Widerstands

Nelson Rolihlahla Mandela wurde am 18. Juli 1918 in der Nähe von Mthatha im Ost-Kap geboren. Als Sohn eines Häuptlings vom Stamm der Thembu wuchs er in der Erwartung auf, eines Tages selbst Häuptlingswürden zu bekleiden. Zusammen mit seinem lebenslangen Kampfgefährten **Oliver Tambo** besuchte er die nur für Schwarze vorgesehene Universität Fort Hare. Dem Verweis von der Uni wegen seines Protestes gegen die Studienbedingungen und einer Zwangsvermählung mit einem Thembu-Mädchen entzog sich Mandela durch die Flucht nach Johannesburg. Mit finanzieller Hilfe seines geistigen Ziehvaters Walter Sisulu legte er das **Jura-Examen** ab, das es ihm ermöglichte, 1952 gemeinsam mit Oliver Tambo eine Anwaltskanzlei in Johannesburg zu eröffnen.

Als führendes Mitglied der **ANC-Jugendliga** stellte sich Mandela in den 1950er-Jahren an die Spitze von Boykottmaßnahmen, die sich gegen die Apartheid richteten. 1961 gründete er im Untergrund **Umkhonto we Sizwe** (›Speer der Nation‹), den militärischen Flügel des ANC, in begrenztem Maße auch Sabotageaktionen gegen die Apartheidregime durchführte. 1964 wurde Mandela wegen Sabotage und Hochverrats zu **lebenslanger Haft** verurteilt. Die folgenden 27 Jahre verbrachte er überwiegend auf der Gefängnisinsel Robben Island [s. S. 25].

Gegen Ende seiner Haftzeit war Nelson Mandela, nicht zuletzt durch das medienwirksame Auftreten seiner zweiten Frau **Winnie,** der berühmteste Gefangene der Welt, eine Ikone, ein Mythos des schwarzen Widerstands gegen weiße Unterdrückung. Südafrikas letzter weißer Staatspräsident, **Frederik Willem de Klerk** beugte sich internationalem Druck und den Forderungen im eigenen Land: Am 11. Februar 1990 entließ er Mandela endlich in die Freiheit. 1993 wurden de Klerk und Mandela mit dem **Friedensnobelpreis** ausgezeichnet. Nach den ersten demokratischen Wahlen konnte Mandela am 10. Mai 1994 als erster schwarzer **Präsident** Südafrikas vereidigt werden.

Nach seinem Rücktritt vom Präsidentenamt im Jahr 1999 engagierte sich Mandela in Fragen der Menschenrechte und im Kampf gegen AIDS. 2009 wurde sein Geburtstag, der 18. Juli, offiziell zum ›Mandela Day‹ erklärt. Nelson Mandela starb am 5. Dezember 2013 in Johannesburg.

Staatspräsident Nelson Mandela (1918–2013) während eines Staatsbesuchs in Großbritannien im Jahr 1997

28 Mthatha und Wild Coast

Meeresrauschen und ein himmlischer Ausblick: Umngazi River Bungalows

hinter Butterworth und gelangt nach ca. 80 km zunächst zu dem Küstenort **Mazeppa Bay**, der mit seinen Stränden und einer vorgelagerten Insel vor allem Angler, Hochseefischer und Taucher anzieht.

Ein Stück weiter nordöstlich, jedoch ebenfalls nur über eine Stichstraße von der N 2 aus zu erreichen, liegt das **Dwesa Nature Reserve** (www.wildcoast.co.za/dwesa) mit Mangrovensümpfen und schönen Küstenformationen. Zu den hier beheimateten Tierarten gehören u. a. Büffel, Gnus und Krokodile.

Das 93 km von der N 2 entfernt gelegene Dörfchen **Coffee Bay** führt seinen Namen auf Kaffeesträucher zurück, die hier einmal wuchsen, nachdem wahrscheinlich Kaffeesäcke eines gestrandeten Schiffes ans Ufer gespült worden waren. Coffee Bay ist beliebt wegen seiner herrlichen Strände und Angelmöglichkeiten. 8 km südlich lockt ein kleines Naturwunder: das *Hole-in-the-Wall*. Der markante Felsblock im Meer mit einem Loch in der Mitte ist das begehrteste Fotomotiv an der Wild Coast. Durch dieses Loch sollten nach der **Prophezeiung der Nongqawuse** [s. S. 62] Soldaten kommen und die Xhosa von den britischen Besatzern befreien.

Im Norden liegt das beliebte Städtchen **Port St. Johns** an der Mündung des mächtigen Umzimvubu River inmitten dichter subtropischer Urwälder. Zeitweilig Schmuggler- und Waffenhändlernest, wurde dieser Ort 1884 von der Kapkolonie annektiert. Fortan diente er weißen Siedlern als Basis für den Waretausch mit dem Hinterland. Die Pondo bezogen Perlen und Decken von den Europäern, denen sie Elfenbein, Häute und Mais lieferten.

Port St. Johns bietet exzellente Angelmöglichkeiten am Fluß und im Meer. Sehr gut zum Baden geeignet ist der 5 km östlich vom Ortszentrum entfernte *Second Beach*. **Wanderwege** erschließen die Küstenlandschaften der Wild Coast. Aus Sicherheitsgründen sollte man sich jedoch einem Führer anvertrauen (Infos: www.wildcoast.co.za).

Praktische Hinweise

Hotels

*****Mbotyi River Lodge**, an der Mündung des Mbotyi River im Pondoland, Mbotyi River, Tel. 039/253 72 00, www.mbotyi.co.za. In dichtes Grün schmiegt sich diese Anlage am Indischen Ozean.

Umngazi River Bungalows & Spa, an der Mündung des Umngazi River bei Port St. Johns, Tel. 047/564 11 15, www.umngazi.co.za. Wunderschön strandnah gelegene Häuschen. Exkursionen zu den Mangrovenwäldern, Flussfahrten und Kanuverleih werden organisiert.

67

KwaZulu-Natal – tropisches Sandstrandglück und Zulutraditionen

Die Heimat *Shaka Zulus*, KwaZulu-Natal, ist eine Provinz mit einer enormen natürlichen und kulturellen Vielfalt. Im Westen erheben sich die Felsbarrieren der **Drakensberge**, im bergigen Landesinneren leben die Zulus ihre Traditionen, im Nordosten liegen einige der schönsten **Nationalparks** Südafrikas – Hluhluwe/Umfolozi Game Reserve, Mkuzi Game Reserve oder Maputaland Marine Reserve –, und am Indischen Ozean ist das ganze Jahr über *Badebetrieb*. **Durban** ist ein Mekka für Surfer, Badeurlauber und Kulturbeflissene. Zugleich ist Durban eine Großstadt, der die indische Bevölkerung ein orientalisches Flair verleiht.

29 Margate und Port Shepstone

Das ganze Jahr über ein grünes Paradies.

Überquert man vom Ost-Kap kommend den Umtamvuna River, erreicht man mit *Port Edward* den südlichsten Ort der Provinz KwaZulu-Natal am Indischen Ozean. Von hier aus erstreckt sich nordwärts über gut 160 km Länge bis zur Hafenstadt *Durban* [Nr. 32] eine Kette von Ferienorten, die diese Gegend zu einem der beliebtesten Reiseziele des Landes macht. Die meisten der überwiegend kleinen Orte besitzen breite und durch Hainetze gesicherte *Sandstrände*, die zum Baden einladen. Felsige Küstenabschnitte fordern die *Angelfans* heraus, und Flüsse, die aus dem subtropischen Hinterland ins Meer fließen, bilden malerische Lagunen. Das ganze Jahr über gibt es ein riesiges Sportangebot vom Klettern, Golfen, Tauchen und Kanufahren über Reiten und Mountainbiking bis zum Survivaltraining (Infos zu den einzelnen Anbietern unter www.margate.co.za).

Während der Hochsaison zwischen Dezember und Februar bietet **Margate** ein aufregendes Nachtleben. Im Juli ist der Badeort Schauplatz des *Hibiscus Festival*. Außerdem kann man auf dem renommierten *Margate Golf Course* (Tel. 039/312 05 71, www.margatecountryclub.co.za) sein Handycap verbessern.

Einfach himmlisch: Sonnenuntergang an der Küste bei Margate

Ausgedehnte *Strände* und ein gutes *Wassersportangebot* gibt es auch in dem Gebiet von **Port Shepstone**. Erstmals wurde diese Gegend 1635 von 300 Portugiesen besiedelt, deren Schiff hier gestrandet war. Seinen Namen erhielt das Städtchen nach *Sir Theophilus Shepstone*, dem ›Minister für Eingeborenenangelegenheiten‹ der britischen Kolonie Natal. Shepstones Politik nahm manches von dem vorweg, was später als Apartheidpolitik firmierte. 1886, nach der Ankunft von 250 norwegischen Siedlern, erhielt der Ort einen Hafen. Die Ende des 19. Jh. erbaute *Norwegian Church and Hall* legt mit ihrem *Friedhof* Zeugnis ab von der Zuwanderung aus Skandinavien.

3 km nördlich von Port Shepstone kann man sich in **Umtentweni** bei Motozulu (9 Eden Valley Road, Tel. 08 23 04 11 41, www.motozulu.website.ms) ein Motorrad ausleihen und die Gegend erkunden. Auch geführte Motorradtouren werden angeboten.

Ausflüge

Im bergigen Hinterland der Küste sind zwei kleine Naturreservate bequem zu erreichen. Ganz im Süden, etwa 10 km von Port Edward entfernt, liegt das **Umtamvuna Nature Reserve** (www.kznwildlife.com), das sich über 3200 ha am Ostufer des namengebenden Flusses ausdehnt. Sehenswert ist hier vor allem die bewaldete Schlucht, durch die der Umtamvuna fließt. Hier wachsen 25 Orchideenarten.

Eine eindrucksvolle Schluchtenlandschaft ist auch Hauptattraktion des **Oribi Gorge Nature Reserve** (www.kznwildlife.com), 21 km von Port Shepstone in Richtung Harding gelegen. Aussichtspunkte an der Abbruchkante des Canyons gestatten großartige Blicke hinunter in die Tiefe, wo sich der träge fließende Umzimkulwana River in Mäandern hinzieht. Drei Wanderwege durchqueren das 1837 ha große Gebiet, in dem Affen, Leoparden und Pythons heimisch sind.

29 Margate und Port Shepstone

Grandios zu jeder Jahreszeit: die bis über 3000 m hoch aufragenden Drakensberge

ℹ Praktische Hinweise

Information
Margate Information Office, Panorama Road, Margate Beach, Tel. 039/312 23 22, www.margate.co.za, www.hibiscuscoast.kzn.org.za

Hotels
****La Providence Guest House**, 7 North Road, Oslo Beach, Port Shepstone, Tel. 039/682 37 79, www.laprovidenceguesthouse.co.za. Herrliche Ausblicke auf den Indischen Ozean, Strandfreuden und Entspannung am hauseigenen Pool unter alten Bäumen.

The Albatros Guest House, 20 Homestead Road, Margate, Tel. 039/317 44 46, www.albatrosguesthouse.co.za. Panoramablick übers Meer, Restaurant, Läden und Strände fußläufig erreichbar, sicheres Parken.

30 Drakensberge

Atemberaubende Bergwelt im Landesinneren.

Über rund 1000 km in Nord-Süd-Richtung vom nordöstlichen Mpumalanga bis hinunter in die Provinz Ost-Kap erstreckt sich die Gebirgskette der **Drakensberge**. Die alpin anmutenden Abschnitte des *Escarpment*, der bis über 3000 m hohen Abbruchkante der Dra-

Leidenschaft Golf: Südafrika besitzt einige der landschaftlich schönsten Plätze der Welt

kensberge, liegen überwiegend in KwaZulu-Natal. Sie bilden zugleich eine natürliche Grenze zum Hochland des Königreichs Lesotho [Nr. 54]. ›uKhahlamba‹ – ›Barriere der aufrecht stehenden Speere‹ – heißen die Drakensberge in der Sprache der Zulu, eine durchaus zutreffende Beschreibung der hoch aufragenden Gipfel, die im Winter nicht selten schneebedeckt sind und dann Landschaftsbilder zeigen, die stark an die amerikanischen Rocky Mountains erinnern.

Vom Städtchen *Kokstad* aus führt die Straße R 617 nach etwa 100 km nordwärts in die Orte *Underberg* und *Himeville*. Wenige Kilometer nördlich von Himeville zweigt links die zunächst geteerte Straße nach Lesotho ab, die zu dem seit 1949 befahrbaren **Sani Pass** führt. Dieser Pass ist mit 2874 m die höchste Passstraße im südlichen Afrika. In engen Kurven windet sich ab dem *Sani Pass Hotel* (s. u.) eine Schotterpiste über 25 km zur südafrikanischen Grenzstation. Da besonders die letzten 4 km bis Lesotho sehr steil und steinig sind, benötigt man für die gesamte Strecke einen Wagen mit Allradantrieb und viel Bodenfreiheit.

Nördlich des bei Bergwanderern und Forellenanglern beliebten *Loteni Nature Reserve* schließt sich in den Drakensbergen das **Giants Castle Game Reserve** (Tel. 021/424 10 37, www.nature-reserve.co.za) an. Auf einem Grasplateau zu Füßen eines gewaltigen Basaltmassivs von

30 Drakensberge

25 km Länge und Höhen bis über 3000 m existiert eine vielfältige Fauna, deren imposanteste Repräsentanten die *Bartgeier* sind. In trockenen Wintern sieht man in dieser Gegend häufig Rauchwolken aus den weiten Grasflächen aufsteigen – kein Grund zur Panik, denn schon die San beherrschten vor Jahrtausenden die Kunst des kontrollierten Abflämmens, die das Entstehen neuen Pflanzenlebens erleichtert. Schwarze und weiße Farmer haben diese Fertigkeit von den längst verschwundenen San übernommen. Kaum eine Region Südafrikas ist im übrigen so reich an Felszeichnungen der San [s. S. 47] wie diese.

Bergwanderer und Kletterer kommen in den Basaltformationen des 3194 m hohen **Cathkin Peak** auf ihre Kosten. Vom Gipfelplateau eröffnet sich ein fantastischer Rundblick, u. a. bis zu dem 3377 m hohen *Champagne Castle*. Cathkin Peak liegt in der *Mlambonja Wilderness Area* und in der *Mdedelelo Wilderness Area* (35 000 ha), zu der auch der im Norden gelegene **Cathedral Peak** gehört. Die Region mit ihren herrlichen Wäldern eignet sich zum Wandern, zur Vogelbeobachtung und nicht zuletzt zum Bergsteigen. Im Sommer können die Gipfel jedoch, wie überall in den Drakensbergen, wolkenverhangen sein, nachdem kurze, aber heftige Gewitter die Bergriesen zum Zittern gebracht haben.

Besonders reizvoll auf dem Rücken eines Pferdes erschließt sich der an den Freistaat Lesotho grenzende **Royal Natal National Park** (Tel. 027/2142410 37, www.nature-reserve.co.za), der zum Schönsten gehört, was Südafrika zu bieten hat. Unvergessliche Landschaftseindrücke vermitteln die Bergformationen *Amphitheatre* und *Mont-aux-Sources* sowie die *Tugela-Wasserfälle*. Über 20 Wanderwege durchziehen das Parkgebiet, einer davon führt auf das Mont-aux-Sources-Plateau und entschädigt mit seinen herrlichen Ausblicken für die Strapazen des Aufstiegs. Allerdings muss auf diesem Weg eine steile Felswand mit Hilfe von Kettenleitern überwunden werden!

Praktische Hinweise

Information

Central Drakensberg Information Centre, Info Centre Building, Thokozisa Centre, Gourton Corner, an der R 600 von Winterton in Richtung Central Drakensberg, Tel. 036/488 12 07, www.cdic.co.za

Hotels

*****Cathedral Peak**, Winterton, Tel. 036/488 18 88, www.cathedralpeak.co.za. Repräsentativer Hotelkomplex in grandioser Berglandschaft.

*****Sani Pass**, Sani Pass Road, Himeville, Tel. 033/702 13 20, www.sanipasshotel.co.za

30 Drakensberge

Wanderparadies mit großartigem Blick über die Drakensberge: Royal Natal National Park

Großzügige Hotelanlage am Fuße des Sani-Passes mit Restaurant, Pool, Tenniscourt und Golfplatz. Auch Reiten und Angeln gehören zum Freizeitprogramm.

The Antbear Guesthouse, Moor Park/Giants Castle Road, Estcourt, Tel. 036/3523143, www.antbear.com. Ländlich-familiäre Unterkunft für Naturfreunde am Fuße der Drakensberge.

Die viktorianische City Hall ist Wahrzeichen von Pietermaritzburg

31 Pietermaritzburg

Wo Gandhis Leben eine bedeutende Wendung nahm.

Pietermaritzburg ist mit seinen 200 000 Einwohnern die Hauptstadt von KwaZulu-Natal und auch der bedeutendste Ort der Region Natal Midlands, die sich sanfthügelig, mit weiten Wiesen und Weiden bedeckt, von den Drakensbergen bis fast an die Strände des Indischen Ozeans erstreckt. Pietermaritzburg trägt auch den Namen ›Stadt der Blumen‹. Die prachtvollen Bougainvilleen und Azaleen, die von Juli bis Oktober Straßen und Plätze schmücken, rechtfertigen diesen Titel vollauf. Einen Höhepunkt erreicht die Blumenherrlichkeit Ende September zur jährlichen **Garden Show**.

Geschichte Pietermaritzburg wurde Anfang 1839 von den burischen Voortrekkern gegründet. Namensgeber waren die Voortrekker-Pioniere Piet Retief und Gert Maritz. Der Ort gelangte bereits 1843 unter britische Herrschaft. Mit ihren repräsentativen Bauten im viktorianischen und edwardianischen Stil ist die Stadt bis heute so stark britisch geprägt wie kaum eine andere in Südafrika.

In Pietermaritzburg, das im Lande knapp Maritzburg heißt, verschmelzen drei Kulturen: die burische, die britische und die indische. Hier, wie in vielen Orten Natals, lebt eine stattliche indische Minderheit – die Nachkommen der Zuckerrohrarbeiter aus den 1860er-Jahren.

Richard Attenboroughs Film ›Gandhi‹ (1982) machte die Stadt einem Millionenpublikum in aller Welt bekannt. Auf dem Bahnhof von Pietermaritzburg wurde *Mahatma Gandhi* 1893 aus dem Zug geworfen, weil er es als Nichtweißer gewagt hatte, in der ersten Klasse zu reisen. Aus diesem Schlüsselerlebnis entwickelte Gandhi seine Lehre von der ›Satyagraha‹, dem gewaltlosen Widerstand.

Besichtigung Einen eigenen Charme übt in der **City** das Netz kleiner Gässchen aus, das heute den Fußgängern vorbehalten ist. Hier befand sich 1888 bis 1931 das Finanzzentrum der jungen Metropole Natals mit sage und schreibe vier Börsen. Als größtes Backsteingebäude südlich des Äquators und zugleich als Wahrzeichen der Stadt erhebt sich in der Chief Albert Luthuli Street die **City Hall** ❶ aus dem Jahre 1900. An ihrer Stelle gab es früher einen Versammlungsort der Voortrekker.

Einige Schritte weiter an der Church Street erinnert ein **Mahatma-Gandhi-Denkmal** ❷ daran, dass der große indische Staatsmann 1893 in dieser Stadt aus dem Zug geworfen wurde.

Ein architektonischer Höhepunkt aus der viktorianischen Ära ist das nahe gelegene **Colonial Building** ❸ in der Church Street, während das **Main Post Office** ❹ in der Longmarket Street von 1903 den edwardianischen Stil widerspiegelt.

Nahebei in der Loop Street liegt das **Natal Museum** ❺ (Tel. 033/345 14 04, www.nmsa.org.za, Mo–Fr 8.15–16.30 Uhr, Sa 9–16, So 10–15 Uhr), eines von fünf Nationalmuseen des Landes. Es hat mehrere naturwissenschaftliche und humanwissenschaftliche Sammlungen. In seiner Bird Gallery werden die in Südafrika heimischen Vogelarten vorgestellt.

Unter den Museen ist außerdem das **Macrorie House** ❻ (11 Loop Street, Tel. 033/394 21 61, Mo–Fr 8–13 Uhr) erwähnenswert, das in vornehmem viktorianischen Ambiente die Wohnkultur der britischen Siedler zeigt. In dem 1862 errichteten Gebäude wirkte 1869–91 *William Macrorie* als Bischof von Pietermaritzburg.

Wer sich für die Voortrekker und die Kulturgeschichte regionaler Ethnien interessiert, ist im **Msunduzi Museum** ❼ (351

Longmarket Street, Tel. 033/394 68 34, www.voortrekkermuseum.co.za, Mo–Fr 9–16, Sa 9–13 Uhr) gut aufgehoben Es beherbergt eine einzigartige Sammlung von Relikten der Voortrekker, darunter die Nachbildung eines Planwagens, alte Steinschlossgewehre sowie Piet Retiefs Gebetbuch und Feldflasche. Das 500 m weiter nordwestlich in der Boom Street gelegene, ebenfalls zum Museum gehörende **Voortrekker House** ❽ von 1846 ist das einzige erhaltene Bauwerk aus burischer Zeit.

Ein eindrucksvoller *Hindu-Tempel* ist **Sri Siva Soobramoniar** ❾ (545 Longmarket Street, Tel. 033/342 54 30, tgl. 6–18 Uhr) von 1898, wo alljährlich zu Karfreitag die Gläubigen das Ende der Fastenzeit mit einem barfüßigen Gang über glühende Kohlen feiern.

Eine weitere Attraktion der Stadt liegt in dem Viertel Willowton und trägt den Namen **Butterflies for Africa** (37 Willowton Road, Tel. 033/387 13 56, www.butterflies.co.za, Di–Fr 9.30–16.30, Sa 9.30–15.30, So 10.30–15.30 Uhr). Im Butterfly House kann man Schmetterlinge aus aller Welt bewundern. Außerdem gibt es ein Gehege mit prachtvollen grünen Leguanen. Im Monkey House ist ein Pärchen Lisztaffen untergebracht, die ihren Namen wegen der Ähnlichkeit ihrer weißen Haartracht mit der des Komponisten Franz Liszt tragen.

Ausflüge

Pietermaritzburg eignet sich vorzüglich als Ausgangspunkt für Ausflüge in die **Natal Midlands**, eine abwechslungsreiche Hügellandschaft, die sich zwischen den imposanten Drakensbergen und der Küste erstreckt. Etwa 24 km nordwestlich von Pietermaritzburg erreicht man das *Umgeni Valley Nature Reserve*, in dem die 94 m tief stürzenden **Howick Falls** beeindrucken. Das nahe gelegene Städtchen Howick ist Mittelpunkt des **Midlands Meander** (Tel. 033/330 81 95, www.midlandsmeander.co.za), eines mehrere Orte umfassenden Netzes aus Kunstgewerbestätten, originellen Restaurants, Hotels und Kuranlagen. 1985 hatte sich hier eine Interessengemeinschaft zusammengeschlossen und die erste *Kunstgewerberoute* des Landes ins Leben gerufen. Von den über 160 Mitgliedern dieser losen Vereinigung seien hier stellvertretend vier vorgestellt: *Lona's Pianos* (Drifters Gold Farm, Tel. 033/234 43 43, www.pianos.co.za) in Lions River hat sich auf die künst-

lerische Restaurierung außergewöhnlicher, alter Pianos spezialisiert, die nach Voranmeldung zu besichtigen sind. *Hillfold Pottery* (Hillfold Farm, D 18, Lidgetton, Tel. 033/234 45 97) zwischen Lions River und Balgowan offeriert Töpferware. *Kingdom Weavers* (Exit 125, Balgowan/Curry's Post, Tel. 033/234 42 05) hält nahe der N 3-Abfahrt Curry's Post traditionelle Webarbeiten bereit. In der Eiscremefabrik *Mad about Cows* (Tel. 033/266 68 33, www.ballina.co.za) nahe Fort Nottingham an der D 290 kann man die kühlen Köstlichkeiten in einem Café mit Kuheinrichtung genießen und eine Fülle von Kuhaccessoires erwerben.

Die Region um den **Albert Falls Dam** ist ebenfalls ein beliebtes Ausflugsziel. *The Midlands Amble* (Tel. 082/300 01 47, www.themidlandsamble.com) nennt sich eine Tourismusinitiative, die für das Gebiet nordöstlich von Pietermaritzburg interessante Routen zusammengestellt hat. So kann man z. B. in einem Ausflug die Stauseeumgebung und den 1881 von deutschen Missionaren gegründeten Ort **Wartburg** erkunden. Oder man begibt sich auf eine Reise in das etwa 70 km nordöstlich von Pietermaritzburg liegende **Hermannsburg**. Der Weg führt über kurvenreiche Bergpisten und vermittelt eine Ahnung vom alten Afrika. Man sieht Hütten und Kraale der *Zulu* und immer wieder eröffnen sich schöne *Panorama-*

Plan S. 76 **32** Durban

blicke auf die Berge und die Flüsse Umvoti sowie Tugela, in denen auch heute noch *Krokodile* leben. In Hermannsburg, 1854 von deutschen Missionaren gegründet, lohnt der Besuch des *Mission Museum* (Mo–Fr 9–12 Uhr) im historischen Mission House. Werkzeuge und Alltagsgegenstände zeugen vom Leben der Missionare und geben Einblicke in die Zulu-Kultur.

ℹ Praktische Hinweise

Information
Pietermaritzburg Tourism,
177 Chief Albert Luthuli Street, Pietermaritzburg, Tel. 033/345 13 48, www.pmbtourism.co.za

Hotels
******Old Halliwell Country Inn**, Currys Post Road, Howick, Tel. 033/330 26 02, www.oldhalliwell.co.za. Eine der ersten Adressen des Landes, altes Landgasthaus von 1830.

*****Wartburger Hof Hotel**, 53 Noodsberg Road, Wartburg, Tel. 033/503 14 82, www.wartburghotel.co.za. Rustikales Landhaus mit deutscher Küche.

Restaurant
Trafford's, 43 Miller Street, Pietermaritzburg, Tel. 033/394 43 64, www.traffords.co.za. Feine Küche, gediegenes Ambiente.

Südafrikas Miami Beach: die trubelig bunte Golden Mile in Durban

32 Durban

Schnittpunkt der Kulturen zwischen blauem Meer und grünen Zuckerrohrfeldern.

Angenehm warm im Winter, heiß und zuweilen schwül im subtropischen Sommer ist Durban heute mit 3,5 Mio. Einwohnern als zweitgrößte Stadt des Landes ein beliebtes Ferienzentrum und darüber hinaus der bedeutendste Hafen im südlichen Afrika. Wie in den anderen Großstädten des Landes sollten Sie auch in Durban Seitenstraßen meiden und sich vor Erkundungstouren im Hotel über die Umgebung informieren.

Geschichte Der Portugiese *Vasco da Gama* erreichte als erster Europäer zu Weihnachten des Jahres 1497 jene weite Lagune, die er für eine Flussmündung hielt und ihr daher den Namen **Rio de Natal** (›Fluss der Geburt‹) gab.

Die erste dauerhafte europäische Besiedlung der Region erfolgte 1685 durch Schiffbrüchige. 1823 ankerte dann die Brigg ›Salisbury‹ in der Lagune und setzte einige Briten mit dem Auftrag ab, Handel mit den Zulu zu treiben. Zulukönig *Shaka*

32 Durban

Flipper lässt grüßen – die aus dem früheren Sea World Aquarium stammenden Delphine haben in Durbans uShaka Marine World eine neue Heimat gefunden

gewährte im folgenden Jahr 18 Briten Siedlungsrechte in der Bucht. Unter den Neuankömmlingen befanden sich auch der spätere Nationalheld *Dick King* sowie *Francis Farewell*, dessen Frau die erste weiße Bewohnerin an dieser Küste werden sollte.

1835 erhielt der kleine Ort den Status einer Stadt, die nach dem Gouverneur der Kapkolonie *Benjamin d'Urban* benannt wurde. Nach dem Tode Shakas drohte unter dessen Nachfolger *Dingane* das Ende des weißen Durban. Dinganes Angriff zwang die Europäer zur Flucht auf die Insel **Salisbury** inmitten der Lagune. Von 1839 bis 1842 existierte am Ufer der Bucht eine neue europäische Siedlung, die nunmehr unter der Vorherrschaft der burischen Voortrekker-Republik Natalia stand.

Im Mai 1842 beschloss die britische Regierung, Durban mit einer Garnison zu besetzen, und sie errichtete das **Old Fort**. Die Voortrekker, die sich in ihrer Machtkompetenz bedroht sahen, belagerten die Festung. Während der folgenden Tage unternahm Dick King – anfangs in Begleitung eines Zulu – jenen legendären zehntägigen Ritt über knapp 1000 km nach Grahamstown im Ost-Kap, um Verstärkung für die Briten in Durban anzufordern. Als die Truppen eintrafen, verspürten die Voortrekker wenig Lust zur Ge-

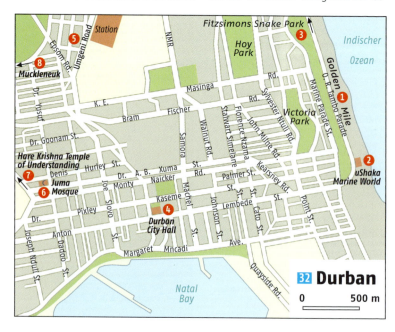

76

genwehr und zogen sich nach und nach aus Natal zurück, um in Transvaal eine neue Heimat zu finden.

Unter dem nun einsetzenden Zustrom vor allem *britischer Siedler* blühte Durban in den folgenden Jahrzehnten auf. Zum wachsenden Wohlstand trugen auch die tausende von *indischen Arbeitskräften* bei, die auf den Zuckerrohrplantagen eingesetzt wurden. Die indische Bevölkerung gibt seither der Metropole ihr unverwechselbares Flair. Aus den einst bitterarmen indischen Farmarbeitern sind inzwischen einige wohlhabende Händler und Unternehmer hervorgegangen.

Besichtigung Durban ist gleichzusetzen mit *Badeurlaub*. Über mehrere Kilometer ziehen sich feine **Sandstrände** in Citynähe von *Addington* im Süden der Beachfront bis zum *Country Club Beach* im Norden hin. Die Strände sind auf ihrer ganzen Länge durch Hainetze gesichert. In Höhe der *Marine Parade* wachen Rettungsschwimmer über das Wohl der Badegäste, Schilder weisen auf Strömungsverhältnisse und Tiden hin. Allein die Strandpromenade entlang dieser **Golden Mile** ❶ ist einen Abstecher auf einer Südafrikareise wert. Ein Vergnügen ist es, auf die ins Meer hineinragenden *Piers* hinauszubummeln und die Surfer zu beobachten. Alljährlich finden hier im Juli internationale *Surfwettbewerbe* statt. Am äußersten Südende der ›Goldenen Meile‹ liegt die **uShaka Marine World** ❷ (1 Bell Street, Tel. 031/328 80 00, www.ushakamarineworld.co.za, tgl. 9–17 Uhr) mit ihrem im Ambiente eines Schiffswracks eingerichteten Aquarium, dem weltweit größten Delphinarium, einem Seehund- und Pinguinpark sowie dem Wasserpark *Wet'n Wild* (Mo/Di geschl.). Anschließend ergibt sich am nördlichen Ende der Golden Mile die Chance zum Nervenkitzel im **Fitzsimons Snake Park** ❸ (240 A Lower Marine Parade, Tel. 031/337 64 56). Hier leben viele der 157 in Südafrika beheimateten *Schlangenarten*. Zu den Aufgaben des Parks gehört auch die Gewinnung von Anti-Se-

Durbans Shoppingglück und Stöberfreuden

Was wäre Durban ohne Shopping? Für jeden Besucher ein Muss ist der an der Stelle eines abgebrannten indischen Marktes erbaute **Victoria Street Market** in der Nähe der Juma-Moschee, auch wenn der mehrstöckige Hallenbau nicht viel von der orientalischen Atmosphäre des Inderviertels bewahren konnte. Sari-Geschäfte und Gewürzhandlungen liegen hier Seite an Seite mit Souvenirläden, Fleisch- und Fischständen.

Dem allgemeinen Trend folgend haben sich in Durban – wie auch in anderen Großstädten des Landes – in jüngster Zeit imposante **Einkaufszentren** ausgebreitet. Zwischen dem Strand und der City ist **The Workshop** (www.theworkshopcentre.co.za) in den Hallen eines ehem. Eisenbahndepots besuchenswert, wesentlich größer und auch eleganter ist **The Pavillon** (www.thepav.co.za) im Vorort Durban-Westville.

Für Stöberfreunde eine unvergleichliche Fundgrube sind zudem die **Flohmärkte**, die sonntags auf der Golden Mile beim Durban Exhibition Centre sowie täglich in der Church Street und Victoria Street stattfinden.

Curry extrafein oder feurig scharf auf dem Victoria Street Market in Durban

Göttliche Gestalten: farbenfroher Fassadenschmuck eines indischen Tempels in Durban

rum, doch findet das Giftmelken nicht mehr vor Publikum statt, um die Reptilien vor Stress zu bewahren.

Sehenswerte Bauwerke zeigt Durban im Stadtzentrum, das von der Beachfront über die *West Street* in etwa 20 Min. zu Fuß zu erreichen ist. Alternativ bietet sich das Nahverkehrssystem der kleinen *Mynah-Busse* an, die im Zehn-Minuten-Takt in die City hinein fahren. Zentral an der Smith Street steht die 1910 im Neorenaissancestil erbaute **Durban City Hall** ❹, die das Rathaus im nordirischen Belfast zum Vorbild hat. Die *Durban Art Gallery* (Tel. 031/311 22 64, Mo–Sa 8.30–16, So 11–16 Uhr) im 2. Stock des Gebäudes widmet sich südafrikanischer und europäischer Kunst ab dem 15. Jh. Weiter nördlich lohnt ein Abstecher in die **Umgeni Road** ❺, in der sich drei *Hindu-Tempel* befinden.

An der Ecke Denis Hurley Street und Dr. Yusuf Dadoo Street erhebt sich im indischen Geschäftsviertel die **Juma Mosque** ❻ aus dem 19. Jh. Das *Innere* überrascht durch eine luftig-lockere Atmosphäre, zu der auch Fenster beitragen, die sich auf einen Innenhof hin öffnen. *Korantexte* zieren die Wände, und ein eigens gewebter, riesiger *Orientteppich* vermittelt Ehrfurcht und Würde.

Außerhalb des Stadtzentrums, im südlich gelegenen Vorort *Chatsworth*, lohnt allein wegen seiner Architektur der **Hare Krishna Temple of Understanding** ❼ (50 Bhaktivedanta Swami Circle, Tel. 031/403 33 28, tgl. 10–20 Uhr Führungen,

angeschlossen ist ein vegetarisches Restaurant) einen Besuch. Auch wenn man kein Freund der Krishna-Bewegung ist und sich über den Prunk des Tempels trefflich streiten lässt, beeindruckt das in den 1980er-Jahren von einem österreichischen Krishna-Anhänger konzipierte Bauwerk durch seine Ausstattung. Auffallend sind Goldornamente, kühler Marmor und das gewaltige Dach aus rostfreien Stahlziegeln.

Von den Museen Durbans ist das im Stadtteil Berea gelegene **Muckleneuk** ❽ (220 Marriot Road, Tel. 031/207 34 32, Mo–Fr 8.30–16.30 Uhr und nach Vereinbarung) hervorzuheben. Das einstige Wohnhaus eines Zuckerbarons beherbergt die **Campbell Collections**, die aus drei Bereichen bestehen: Die *Killie Campbell Africana Library* zeigt seltene Bücher, Bilder, Landkarten und unveröffentlichte Manuskripte aus aller Welt. Das *Mashu Museum of Ethnology* widmet sich insbesondere der Zulu-Stammeskultur. Und das *William Campbell Furniture Museum* präsentiert Möbel der frühen britischen Siedler.

Ausflüge

Entlang der sich nördlich von Durban erstreckenden Küste KwaZulu-Natals locken mehrere Badeorte mit schönen Stränden und einem vielfältigen Wassersportangebot. Insbesondere das nahe bei Durban gelegene **Umhlanga Rocks** (sprich Umschlanga) ist ein beliebtes Urlaubsziel mit Luxushotels, Apartmenthäusern und Einkaufszentren. Eine einmalige Attraktion in der Nähe von Umhlanga Rocks ist die Forschungsstation **Natal Sharks Board** (1a Herrwood Drive, Tel. 031/566 04 00, www.shark.co.za, Shows Di–Do 9 und 14, erster Sonntag im Monat 13–16 Uhr), die die Lebensgewohnheiten der Haie erforscht. Die Station ist international führend auf diesem Gebiet. Dem Besucher werden hier audiovisuelle Shows geboten.

Etwa 70 km nördlich von Durban nahe der Stadt **Stanger** befindet sich das *Grab des Zulukönigs Shaka*, das 1932 durch ein *Denkmal* ergänzt wurde. Am Nachmittag des 25. September 1828 war Shaka hier von zwei Halbbrüdern mit einer jener Lanzen erstochen worden, die er selbst erfunden hatte. Dank dieser Waffe galten die Zulukrieger bei anderen Stämmen lange als unbesiegbar.

Weitere 140 km nördlich vermittelt **Shakaland** (14 km hinter Eshowe an der R 66, Tel. 035/460 09 12, www.shakaland.com, 3-Std.-Tour tgl. 11 und 12 Uhr mit traditioneller Tanzvorführung und Mittagessen) einen Eindruck vom Leben der Zulu. Es handelt sich hierbei um ein Freilichtmuseum, dessen Hauptattraktion die Kulissen für die Hollywood-Serie ›Shaka-Zulu‹ (1986/87) sind.

Unweit Eshowes liegt an der Küste der hübsche Ort *Mtunzini* mit dem **Umlalazi Nature Reserve** (Tel. 033/845 10 00, www.kznwildlife.com). Die sehenswerte Mangroven- und Dünenlandschaft ist von Krokodilen und Wasservögeln bevölkert.

Praktische Hinweise

Information
Tourist Junction, Old Station Building, 160 Monty Naicker Road, Durban, Tel. 031/305 66 93, www.durban.gov.za

Flughafen
Durban International Airport, Fluginfo: Tel. 086/727 78 88 www.airports.co.za

Hotels
*******The Royal**, 267 Smith Street, Durban, Tel. 031/333 60 00, www.theroyal.co.za. Seit Jahren das beste Stadthotel des Landes, mit zwei Restaurants.

*******Essenwood House**, 630 Essenwood Road, Berea, Durban, Tel. 031/207 45 47, www.essenwoodhouse.co.za. Elegantes Haus im Kolonialstil im vornehmen Stadtteil Berea. Garten mit Pool.

******Durban Elangeni**, Beach, 63 Snell Parade, Durban, Tel. 031/362 13 00, www.southernsun.com. Luxuriöser Hotelkomplex in Strandnähe.

Browns Guest House, 132 Marriott Road, Berea, Durban, Tel. 031/208 76 30, www.brownsguesthouse.co.za. Oberhalb der Metropole im vornehmen Stadtteil Berea gelegen, Minuten in die City zu Läden und Restaurants, sicheres Parken und Pool.

*****City Lodge Durban**, Ecke Brickhill und Old Fort Road, Durban, Tel. 031/

Showtime: ritueller Tanz der Zulukrieger vor einstigen Filmkulissen in Shakaland

332 14 47, www.citylodge.co.za. Angeneh-me Anlage mit freundlicher Atmosphäre, etwa gleich weit von City und Strand entfernt.

***Garden Court Marine Parade**, Beach, 167 Marine Parade, Durban, Tel. 031/337 33 41, www.southernsun.com. Ho-telhochhaus unweit des Strandes, jedes Zimmer mit Meerblick.

Restaurants
Roma Revolving, 32. Stock des John Ross House, Esplanade, Durban, Tel. 031/337 67 07, www.roma.co.za. Gute italieni-sche Gerichte mit einem fantastischen Blick über die Stadt (So geschl.).

Ulundi, 267 Smith Street, Durban, Tel. 031/333 60 00. Restaurant im Hotel. Indi-sche Gerichte in elegantem Ambiente.

33 Zululand und Battlefields Route

Historische Stätten in grüner Hügellandschaft.

Heutzutage fällt es äußerst schwer, sich vorzustellen, dass die malerischen Berg-regionen des nördlichen KwaZulu-Natal im 19. Jh. Schauplätze militärischer Ausei-nandersetzungen waren, die sich über rund 55 Jahre hinzogen. Doch die schwe-ren Kämpfe zwischen Zulus, Briten und Buren prägten die Geschichte Südafrikas ebenso wie die des Britischen Empire.

Mehr als 50 historische Orte berührt die **Battlefields Route** (›Straße der Schlacht-felder‹, www.battlefieldsroute.co.za). Sie umfasst ein Areal, das von den Städten *Estcourt* im Süden, *Dundee* und *Glencoe* im Westen, *Volksrust* und *Vryheid* im Nor-den sowie der Hauptstadt KwaZulus, *Ulundi*, im Osten begrenzt wird. Obwohl die Entfernungen zwischen diesen Orten nicht sehr groß sind, ist ausreichend Zeit einzuplanen, da die Straßen häufig nur geschottert sind und das Gelände meist bergig ist. Die Landschaft entschädigt für die Mühen des Reisens durch großartige Ausblicke auf die Hügelwelt KwaZulus.

Von großer Bedeutung ist das westlich von Ulundi gelegene Ausgra-bungsareal von **uMgungundlovu** (Tel. 035/870 20 50 und 035/450 09 17, www.heritagekzn.co.za, Mo–Fr 8–16, Sa/So 9–16 Uhr), der Residenz des Zuluk-königs Dingane aus der Zeit 1829–38. Dinga-ne lud 1838 den burischen Voortrekker

TOP TIPP

Piet Retief und seine Männer hierher ein und ließ sie ermorden. Anschließend verließen die Zulus ihre Stadt. Vier Tage nach der *Schlacht am Blood River* [s. S. 81] vom 16. Dezember 1938 erreichten die Buren die Zulu-Hauptstadt und machten sie dem Erdboden gleich. Ein *Museum* informiert heute über die geschichtli-chen Hintergründe und Führungen ma-chen mit den Funden und Rekonstruktio-nen der Hütten vertraut. Ein Denkmal er-innert an die ermordeten Vortrekker.

Eine weitere wichtige Station der Batt-lefields Route liegt an den Ufern des **Umfolozi River** bei Ulundi. Hier fand am 4. Juli 1879 die Entscheidungsschlacht zwischen Briten und Zulus statt, die mit dem Untergang der Zulu-Streitmacht endete und für über 100 Jahre die unan-gefochtene Herrschaft der Weißen in Natal begründete. Ein Denkmal erinnert an das Geschehen.

Nicht weit von hier befindet sich das Ausgrabungsgelände von **Ondini** (Tel. 035/870 20 50, www.heritagekzn.co.za, Mo–Fr 8–17, Sa/So 9–16 Uhr), wo der Zulu-König Cetshwayo im Jahre 1872 die von Dingane niedergebrannte Residenz von uMgungundlovu rekonstruieren ließ. Nach der Schlacht am Umfolozi River 1879 zerstörten die Briten Ondini. Auf dem Gelände sieht man heute Nachbildun-gen der bienenkorbförmigen Hütten. Das *KwaZulu Cultural-Historical Museum* bie-tet eine interessante audiovisuelle Show zur Geschichte und Kultur der Zulu. Au-ßerdem erhält man Hintergrundinforma-tionen zum Krieg zwischen Buren und Zulus.

Inmitten der sanft-grünen Hügelwelt KwaZulus erinnern nahe dem Dorf Nqutu weiße Steinhaufen auf dem Schlachtfeld von **Isandhlwana** (Tel. 035/870 20 50, www.heritagekzn.co.za, Mo–Fr 8–17, Sa/So 9–16 Uhr) an die Gefallenen jener Kämpfe des 22. Januar 1879, in deren Verlauf etwa 20 000 Zulus ein britisches Regiment schlugen und damit ihren einzigen be-deutenden Sieg über die Rotröcke von der Insel erfochten. Eine markierter Pfad führt über das Gelände. Ein Museum bietet eine Dokumentation zur Schlacht.

Nur etwa 30 km von Isandhlwana ent-fernt, jenseits unwegsamer Berge, fand an der **Rorke's Drift** (Tel. 035/870 20 50, www.heritagekzn.co.za, Mo–Fr 8–17 Uhr), einer Furt des Buffalo River, am 22. und 23. Januar 1879 die Fortsetzung der Schlacht von Isandhlwana statt, bei der sich nun rund 100 Briten über zwölf Stunden lang

33 Zululand und Battlefields Route

Das Blood River Monument erinnert an die blutige Schlacht zwischen Voortrekkern und Zulus.

einer Übermacht von etwa 4000 Zulus erfolgreich erwehren konnten. Heute gibt es hier einen markierten Rundgang und ein kleines Museum, das die Ereignisse veranschaulicht.

Geradezu mythische Bedeutung für die afrikaanse Bevölkerung Südafrikas besitzt das Schlachtfeld von **Blood River**, 48 km von Dundee entfernt. Hier schlugen am 16. Dezember 1838 wenige Voortrekker eine ganze Zuluarmee. Anlässlich des einhundertsten Jahrestag dieses Ereignisses wurde 1938 oberhalb der Hauptstadt Pretoria das wuchtige Voortrekker Monument [s. S. 125] errichtet. Am Blood River erinnern heute 63 bronzene Voortrekker-Ochsenwagen in Originalgröße an die Schlacht.

Das Städtchen **Ladysmith** unweit der Fernstraße N 3 war im Anglo-Buren-Krieg 1899/1900 für 118 Tage Schauplatz einer Belagerung durch burische Verbände, die das Vorrücken der Briten von Natal nach Transvaal verhindern sollten. In jenen Jahren war der Name ›Ladysmith‹ am Kap geradezu ein Synonym für eisernes Durchhaltevermögen. Während zu Beginn der Belagerung noch Shakespeare-Aufführungen, Eselwettrennen und Picknicks zur Unterhaltung der Eingeschlossenen veranstaltet wurden, entwickelte sich ihre Lage zunehmend bedrohlich, als Epidemien ausbrachen. Kein Geringerer als *Gandhi* befand sich als Krankenträger unter den Truppen Sir Redvers Bullers, denen es am Ende gelang, die Belagerung aufzubrechen. Eine in Bombay gefertigte Statue Gandhis wurde 1970 im Garten des *Lord-Vishnu-Tempels* an der Forbes Street enthüllt. Das **Siege Museum** (Main Street, Tel. 036/637 29 92, Mo–Fr 9–16, Sa 9–13 Uhr) informiert ausführlich über die dramatischen Ereignisse während der Belagerung von Ladysmith.

Praktische Hinweise

Information

Endumeni Tourism, Victoria Street, Dundee, Tel. 034/212 21 21, www.tourdundee.co.za

Ladysmith Tourism Office, Siege Museum, 151 Murchison Street, Ladysmith, Tel. 036/637 29 92, ladysmith.kzn.org.za

Hotels und Restaurants

*****Garden Court Ulundi**, Princess Magogo Street, Ulundi, Tel. 035/870 10 12, www.southernsun.com. Moderner Komplex mit Restaurant und Bar in der Nähe von Geschäften.

Mawelawela Farm, Fodo Farm, Elandslaagte, zwischen Dundee und Ladysmith, Tel. 036/421 18 60, www.mawelawela.co.za. Ruhig gelegene Farm mit angenehmer Atmosphäre.

34 Vom Hluhluwe/Umfolozi Game Reserve zum Maputaland Marine Reserve

In den Naturreservaten entlang der Nordküste kommen Freunde des Out-of-Africa-Gefühls voll auf ihre Kosten.

KwaZulu-Natal ist nicht nur ein durch blutige Geschichte gezeichnete Provinz, sondern auch eine Region, die einige der schönsten und vielseitigsten Naturreservate Südafrikas aufweist. Traditionsreiche, weltberühmte Nationalparks und neue private Wildschutzgebiete wetteifern heute um die Gunst der Touristen. Aus der Vielzahl besuchenswerter Parks seien vier vorgestellt, die jeweils sehr unterschiedliche Landschaftstypen mit spezifischer Flora und Fauna repräsentieren.

Rund 280 km nördlich von Durban erstreckt sich über eine Gesamtfläche von 96 000 ha eines der ältesten afrikanischen Wildschutzgebiete. Ein breiter Korridor verbindet die beiden Areale des **Hluhluwe/Umfolozi Game Reserve** (Tel. 035/562 08 48, zentrale Reservierung: Tel. 033/845 10 00, die rechtzeitige Buchung der Unterkünfte ist ratsam, www.kznwildlife.com, Nov.–Febr. tgl. 5–19 Uhr, März–Okt. tgl. 6–18 Uhr) und ermöglicht dem Wild freies Umherziehen in dem tropisch geprägten, hügeligen und dicht bewaldeten Gelände. Vor allem die Umfolozi-Region war im 19. Jh. Schauplatz gnadenloser Tierjagden der Zulukönige. Zur dramatischen Reduzierung des Wildbestandes trugen außerdem Wilderer auf der Jagd nach Elfenbein und epidemische Infektionskrankheiten bei. Umso stolzer können die Behörden heute auf die Rettung des vom Aussterben bedrohten *Breitmaulnashorns* (Weißes Nashorn) in diesem Doppelreservat sein. Inzwischen leben hier – neben *Löwen, Elefanten, Leoparden* und *Giraffen* – mehr als 2000 schwarze und weiße Nashörner. Im Reserve gibt es einige komfortable Unterkünfte, die luxuriöse Mtwazi Lodge und ein Restaurant. Fahrten zur Wildbeobachtung werden angeboten.

Etwa 80 km weiter nordöstlich dehnt sich über 34 000 ha das **Mkhuze Game Reserve** (Tel. 035/573 90 04, zentrale Reservierung: Tel. 033/845 10 00, rechtzeitige Buchung der Unterkünfte empfohlen, www.kznwildlife.com, Okt.–März 5–19, April–Sept. 6–18 Uhr) aus. Gemessen an seiner bescheidenen Fläche hat Mkhuze viel zu bieten: offene *Savanne*, dichter *Busch* sowie die Nsumu-Pfanne mit ihrer eindrucksvollen *Wasserflora*. Rund 400 *Vogelarten* machen Mkhuze zu einem Paradies für Ornithologen. Unter den Säugetieren verdienen vor allem *Nashorn, Giraffe* und *Kudu* Erwähnung. Für Übernachtungen stehen Mehrbetthütten zur Verfügung.

TOP TIPP Ungefähr 30 km östlich von Mkhuze am Indischen Ozean erstreckt sich der weite **iSimangaliso Wetland Park** (Tel. 035/590 13 40, zentrale Reservierung: Tel. 033/845 10 00, rechtzeitige Buchung der Unterkünfte empfohlen,

34 Vom Hluhluwe/Umfolozi Game Reserve zum Maputaland Marine Reserve

Das weitläufige Küstengebiet des iSimangaliso Wetland Park ist mit seinen bewaldeten Dünen und Sümpfen ein wichtiges Rückzugsgebiet für Vögel und Großwild

www.kznwildlife.com, www.isimangaliso.com tgl. 24 Std. geöffnet). Dessen *St. Lucia Lake* und seine Umgebung bilden ein unvergleichliches Feuchtgebiet, das seit 1999 zum Weltnaturerbe der UNESCO gehört. Zu den Attraktionen der Region zählen einige der höchsten bewaldeten Dünen der Erde, darüber hinaus gibt es Sümpfe und Palmenwälder. Die *Tierwelt* wartet mit schwarzen Nashörnern, Meeresschildkröten, Flamingos sowie Nilpferden und Krokodilen auf. Über letztere informiert das *Crocodile Centre* ausführlich und bietet die Gelegenheit, diese Tiere aus der Nähe zu beobachten. Durch das Schutzgebiet werden geführte *Wande-*

rungen (Buchung unter Tel. 035/590 14 43) angeboten. Campingmöglichkeiten bestehen im *EdenPark* und in *Sugarloaf*.

Zu den Stränden des nördlich benachbarten **Maputaland Marine Reserve** kommen die *Lederschildkröten* zur Eiablage. An der *Sodwana Bay* (Tel. 035/571 00 51, www.kznwildlife.com, tgl 24 Std. geöffnet) mit ihren herrlichen Korallenriffen locken zahlreiche Tauchgründe. In den Sommermonaten Dezember und Januar kann man hier Meeresschildkröten bei der Eiablage beobachten.

ℹ Praktische Hinweise

Information
The KwaZulu-Natal Nature Conservation Service, P. O. Box 13069, Pietermaritzburg 3202, Tel. 033/845 10 00, www.kznwildlife.com. Die rechtzeitige Buchung der Unterkünfte in den Schutzgebieten ist ratsam.

Hotel
TOP TIPP ******Bushwillow**, Hluhluwe, unweit der Straße R 22 nach Sodwana Bay, Tel. 035/562 04 73, www.bushwillow.com. Wunderschöne Lodge, die wildromantisch in einem kleinen privaten Naturreservat gelegen ist, das ideale Möglichkeiten zur Tierbeobachtung bietet.

Ungleiches Tête-à-Tête: Nashörner und Antilope im Hluhluwe/Umfolozi Game Reserve

Mpumalanga – echt afrikanische Naturerlebnisse und Goldgräberstädtchen

Im heißen Lowveld liegen große Teile des weltberühmten **Kruger National Park,** in dem man auf Schritt und Tritt den ›Big five‹ begegnet: Elefant, Löwe, Leopard, Büffel und Nashorn. Auch landschaftlich hat die Provinz Mpumalanga viel zu bieten: Saftig grüne Zitrusplantagen bei **Mbombela,** glitzernde Wasserfälle rund um **Sabie** und die atemberaubende Bergwelt des **Blyde River Canyon Nature Reserve** machen die Provinz zu einem der beliebtesten Reiseziele Südafrikas. Hinzu kommt eine raue *Goldgräbertradition,* von der die einstige Goldminenstadt **Pilgrim's Rest** eindrucksvolles Zeugnis ablegt. Am Pilgrim's Creek kann man noch heute die Goldpfanne schwenken und mit etwas Glück ein kleines Goldstückchen finden.

35 Mbombela

Feuchtheiße, grüne Metropole des Lowveld.

Mbombela (ehemals Nelspruit), die etwa 100 000 Einwohner zählende Hauptstadt Mpumalangas, verdankt ihren ersten Entwicklungsschub dem Bau der Eisenbahnlinie 1891 von Pretoria zur Delagoa-Bucht am Indischen Ozean in Mosambik.

Sonnenaufgang über Mpumalanga: ein unvergessliches Erlebnis von Wildnis und Freiheit

Mit der Bahntrasse wollte der damalige Präsident Transvaals, *Paul Krüger,* einen von der verhassten britischen Kapkolonie unabhängigen Verkehrsweg zum Meer schaffen. Das fruchtbare Tal des Crocodile River, in dem die Stadt liegt, ist seit dem Ende des 19. Jh. auch Zentrum des Anbaus von Papayas, Litschis und Mangos sowie der Tabak- und Holzindustrie.

Mbombela selbst verfügt über keine besonderen Sehenswürdigkeiten, jedoch hat das großzügig gestaltete Zentrum mit dem **Promenade Centre** und zahlreichen Einkaufsmöglichkeiten eine angenehme Atmosphäre. Samstags findet hier ein Flohmarkt statt.

Farbenfreude und Geometrie: die Kunst der Ndebele

Seit Jahrhunderten lebt das Volk der Ndebele im Gebiet des heutigen Mpumalanga sowie nordöstlich von Pretoria/Tshwane und in der Gegend von Middelburg. Dieses künstlerisch besonders kreative Volk, das im 19. Jh. von den Buren militärisch schwer bedrängt wurde, ist vor allem durch die farbenfrohe Bemalung seiner **Häuser** bekannt. Besonders schöne Beispiele dieser Fassadenmalerei birgt die Missionsstation **Botshabelo** 13 km nördlich von Middelburg. Das dortige **Botshabelo Historical Village** (Tel. 013/245 90 03, Mo-Fr 7.30–16 Uhr) präsentiert die Farbenkunst der Ndebele in ihrer vollen Pracht.

Die traditionellen, vorwiegend geometrischen Muster werden heute oft durch Motive aus der zeitgenössischen Kunst ergänzt, vielfach finden nun auch Acrylfarben Verwendung. Bunt und fantasievoll sind auch **Kleidung** und **Schmuck** der Frauen. Während die verheirateten Damen Messingringe an Armen, Beinen und um den Hals tragen, schmücken sich junge Mädchen mit dicken, perlenbestickten Wülsten um Taille, Hals, Arme und Beine.

85

Mbombela

Schönheit in voller Entfaltung – die Königsprotea ist die Nationalblume Südafrikas

Etwa 3 km außerhalb der City an der R 40 in Richtung White River erstreckt sich über eine Fläche von 150 ha der **Lowveld National Botanical Garden** (Tel. 013/ 752 55 31, www.sanbi.org, Sep.–März tgl. 8–18 Uhr, April–Aug. tgl. 8–17 Uhr), der zu den sehenswertesten Botanischen Gärten Südafrikas zählt. Etwa ein Viertel des Areals ist kultiviert, der Rest besteht aus naturbelassener Landschaft. Rund 500 Pflanzenarten sind hier ebenso zu Hause wie über 200 Vogel- und einige Reptilienarten.

Ausflug

Eine halbe Autostunde nordwestlich von Mbombela stellen die **Sudwala Caves** (Tel. 083/446 02 28, 079/205 16 88 (mobil), www.sudwalacaves.co.za, tgl. 8.30–16.30 Uhr, nur mit Führung, Dauer ca. 1 Std.) einen landschaftlichen Höhepunkt des Lowveld dar. Im Laufe von 300 Mio. Jahren hat hier das Wasser ein wahres Labyrinth von Kavernen in den Dolomit gefressen und fantastische Stalagmiten und Stalagtiten entstehen lassen. Bereits von Steinzeitmenschen vorübergehend bewohnt, bildeten die Höhlen Mitte des 19. Jh. den Schauplatz eines Machtkampfes zwischen Thronanwärtern des Swazi-Volkes. Auch das legendäre ›Krüger-Gold‹, die Goldreserven der Republik Transvaal zur Zeit Paul Krügers, wird von manchen Schatzsuchern hier vermutet. Das Gold soll während des Anglo-Buren-Krieges hier in dieser Gegend verloren gegangen sein.

Ein schmuckes Kerlchen: Eine Gabelracke im Lowveld National Botanical Garden

🛈 Praktische Hinweise

Information

Lowveld Tourism, LCBG House, Ecke Info Highway (ehem. Louis Trichardt Street)/R 40 (ehem. General Dan Pienaar Street), Mbombela, Tel. 013/755 20 69, www.krugerlowveld.com

Hotels

*****Protea Hotel**, 30 Jerepico Street, Mbombela, Tel. 013/752 39 48, www.proteahotels.com. Geräumige Zimmer, gut mit dem Auto erreichbar in der Nähe der N4, dennoch ruhige Lage.

***La Villa Vita Nelspruit**, 21 Klipspringer Street, Mbombela, Tel. 013/752 53 70, www.villavitanelspruit.com. Edles Ambiente, zentrale Lage.

****Jörn's Gästehaus**, 62 Hunter Street, Mbombela, Tel. 013/744 18 94, www.nelspruitguesthouse.com. Inmitten eines Naturschutzgebietes gelegen, herrliche Sonnenuntergänge, atemberaubende Bergpanoramen, sicheres Parken.

36 Sabie

Riesige Nadelwälder, die gespickt sind mit erfrischenden Wasserfällen.

Das Shangaan-Wort ›uluSaba‹ soll dem Fluss und der Stadt Sabie den Namen gegeben haben. Es bedeutet ›furchtbarer Fluss‹ und erinnert an die Zeiten, als der Sabie noch von Krokodilen bevölkert war. Der Ort Sabie entstand Ende des 19. Jh. als *Goldgräber-Camp*, nachdem hier während der Rast weiße Jäger zufällig Spuren des Edelmetalls entdeckt hätten – so jedenfalls will es die Legende.

Heute ist Sabie Zentrum des größten *Forstgebietes* in der Republik, das etwa die Hälfte des nationalen Holzbedarfes deckt. Ursprünglich wurden die Nadel-

Wo Wasser wie silberne Schleier fallen – rund um Sabie und Pilgrim's Rest locken zahlreiche Wasserfälle wie hier die Berlin Falls mit ihren vielfältigen Erscheinungsformen

Sabie

und Eukalyptusbäume als Grubenholz für die Minen angepflanzt. Raubbau hatte bereits Anfang des 20. Jh. die Waldbestände so dezimiert, dass die Minengesellschaften gezwungen waren aufzuforsten. Dem südafrikanischen Forstwesen widmet sich im Ortszentrum das **Forest Industry Museum** (Tel. 013/764 10 58, Mo–Fr 8–16.30, Sa 8–12 Uhr), dessen interaktive Displays auch für Kinder attraktiv sind.

Ausflüge

Rund um die Stadt und mit dem Auto bequem erreichbar bieten einige eindrucksvolle Wasserfälle erfrischende Abwechslung. Zu den bekannteren zählen die **Bridal Veil**, **Horseshoe** und **Lone Creek Falls** westlich von Sabie.

Nordöstlich von Sabie versprechen die **MacMac Pools** herrliche Abkühlung in kristallklaren Teichen. Ganz in der Nähe stürzen die **MacMac Falls** 65 m tief in einen dicht bewaldeten Abgrund.

Besonders während der Sommermonate Oktober bis März empfiehlt sich ein Abstecher in das etwa 40 km südlich gelegene **White River**. Die Straßen des Städtchens, das zu einem der wichtigen Landwirtschafts- und Forstgebiete zählte, leuchten dann von den farbenkräftigen Blüten der zahlreichen Bougainvillea- und Jacarandabäume.

Die rund 70 km lange **Panoramaroute**, berührt die beiden größeren Orte *Graskop* und *Vaalhoek*. Die Straße, die zu schönen Aussichtspunkten entlang der Abbruchkante des Drakensberg-Escarpment führt, vermittelt einen Eindruck von den riesigen Forstgebieten und bietet landschaftlich viele Reize nicht zuletzt durch die Wasserfälle *Berlin Falls* und *Lisbon Falls*. Höhepunkt dieser Route ist zweifellos der Aussichtspunkt *God's Window* etwa 10 km nordöstlich von Graskop, der im Blyde River Canyon Nature Reserve [Nr. 38] liegt.

Praktische Hinweise

Information
Trips SA,
Tel. 013/764 11 77,
www.sabie.co.za

Hotels
******Misty Mountain Lodge**, Long Tom Pass, zwischen Sabie und Lydenburg, Tel. 013/764 33 77, www.mistymountain.co.za. Schöne Anlage mit Pool.

*****Villa Ticino Guest House**, Louis Trichardt Street, Sabie, Tel. 013/764 25 98, www.villaticino.co.za. Geräumiges zweistöckiges Haus im Ortszentrum mit großer Veranda und Pool.

Wayfarers Guest House, 92 Malieveld Street, Sabie, Tel. 013/764 15 00, www.wayfarers.co.za. Ruhig gelegen, ist dieses Gästehaus mit vielen Antiquitäten ausgestattet.

Garantiert fündig: museale Demonstration der Goldwäsche in Pilgrim's Rest

37 Pilgrim's Rest

Fantastische Ausblicke in die Landschaft bieten sich im Blyde River Canyon Nature Reserve.

37 Pilgrim's Rest

 Die Erinnerung an den Goldrausch bleibt hier lebendig. Heute ist der Ort ein Nationaldenkmal.

In einem Land, das mit pittoreskem historischen Baubestand nicht gerade gesegnet ist, stellt Pilgrim's Rest eine attraktive Ausnahme dar. Mögen manche der restaurierten Gebäude aus der großen Goldgräberzeit auch ein wenig kitschig wirken – ein Zwischenstopp in dem Ort, den die Behörden zum Nationaldenkmal erklärt haben, lohnt in jedem Fall.

Pilgrim's Rest wurde mit den Goldfunden im Jahre 1873 Transvaals erste *Goldminenstadt*. Nur ganze drei Jahre dauerte indessen die Bonanza, die dem Ort zeitweilig eine eigene Zeitung, 14 Kneipen und unzählige Digger sogar aus dem fernen Kalifornien und Australien bescherte. Als die Goldsuche zu kapitalintensiv wurde, schlossen sich mehrere Gesellschaften zu der *Transvaal Gold Mines Estates* zusammen, die sich nach weiteren 50 Jahren ertragreicher Minenarbeit schließlich auf den Anbau von Grubenholz konzentrierten. Anfang der 1970er-Jahre endete die Goldförderung um Pilgrim's Rest.

Der Ort ist heute eine Art bewohntes *Freilichtmuseum* mit einer Reihe sehenswerter Gebäude. **The Royal Hotel** (s. u.) etwa mit seiner eisenverzierten Fassade und einem der schönsten viktorianischen Interieurs Südafrikas besitzt eine Bar, die ursprünglich in Kapstadt als Kapelle diente.

Das **Alanglade House Museum** (Tel. 013/768 10 60, Führungen jeweils 11 und 14 Uhr) mit seiner viktorianischen und Jugendstil-Einrichtung war einst die Villa eines Minenmanagers. 35 Räume sind originalgetreu restauriert und möbliert.

Praktische Hinweise

Information
Information Centre, Main Road, Pilgrim's Rest, Tel. 013/768 10 60, www.pilgrims-rest.co.za

Hotels
****Mount Sheba**, 25 km außerhalb, über die R 533 Richtung Lydenburg, Tel. 013/768 12 41, www.mountsheba.co.za. Im privaten Naturschutzgebiet Mount Sheba Nature Reserve, oberhalb von Pilgrim's Rest inmitten des Regenwaldes gelegen.

The Royal Hotel, Main Road, Pilgrim's Rest, Tel. 013/768 11 00, www.royal-hotel.co.za. Schönes viktorianisches Hotel im Herzen des Städtchens.

38 Blyde River Canyon Nature Reserve

Das Reservat ist mit seinem Canyon einer der landschaftlichen Höhepunkte im südlichen Afrika.

Das sich nördlich von Graskop bis Swadini erstreckende Naturreservat ist berühmt für seine spektakulären Felsformationen und seine herrlichen Ausblicke in grandiose Canyon-Landschaft.

Von Graskop führt die R 532 nordwärts an die westliche Abbruchkante des **Blyde River Canyon**. Kurze Stichstraßen und Fußwege von den Parkplätzen aus gewähren wahrhaft atemberaubende Blicke in die Tiefe – 600 m weiter unten windet sich der Blyde River, an seinen Ufern erheben sich imposante Felsgiganten, von denen die berühmten **Three Rondavels** zweifellos die markantesten sind. Einen der schönsten Ausblicke bietet **God's Window**, ein tiefer Felsspalt im Gebirge, der eine grandiose Sicht auf die steilen Hänge der Drakensberge sowie in das 1000 m tiefer gelegene Lowveld gewährt.

Praktische Hinweise

Hotel

La Lechere Guest House, 8 Sysie Avenue, Phalaborwa, Tel. 015/78175 10, www.lalechere.co.za. Nur fünf Minuten vom Kruger National Park in gediegenem afrikanischem Ambiente.

39 Kruger National Park

Das Aushängeschild der südafrikanischen National Parks bietet eindrucksvolle afrikanische Wildnis.

Der Kruger National Park, das wohl berühmteste Wildreservat der Erde, lohnt auf jeden Fall einen Besuch, vor allem dann, wenn man das erste Mal im Lande ist und weite, beschwerliche Anreisen zu abgelegeneren Nationalparks scheut.

Von Johannesburg aus ist der viel frequentierte Südeingang des Parks nach 500 km in etwa 7 Std. per Auto bequem zu erreichen. Wem das zu lange dauert, der fliegt mit einer kleinen Maschine, die direkt im Park landet.

Im Jahre 1898 gegründet und später benannt nach *Paul Krüger*, dem früheren Präsidenten der Republik Transvaal und geistigen Vater des Reservats, bedeckt der Park eine Fläche von etwa 20 000 km^2. Die Nord-Süd-Ausdehnung beträgt ungefähr 350 km, die durchschnittliche West-Ost-Entfernung 60 km. Im Norden grenzt der Park an Zimbabwe, im Osten an Mosambik. Rund 2300 km geteerte und geschotterte Straßen durchziehen Busch und Savanne. Die größte Besucherdichte – auch Tagesgäste sind willkommen – herrscht im Süden, während man sich im Norden häufig allein in weiter Natur wiederfindet.

Über 20 *Rest Camps* bieten dem Besucher Entspannungs- und Übernachtungsmöglichkeiten. Vorzüglich als Ausgangspunkt für Streifzüge in die unberührteren Teile des Parks eignet sich das im Norden gelegene **Punda Maria**. Zugleich lässt sich von hier aus auch ein Abstecher zu den restaurierten Ruinen der eisenzeitlichen Palastanlage von *Thulamela* [s. S. 92] organisieren. Umgeben von Sykomoren, Mahagonibäumen und uralten Baobabs stellt sich in diesem rustikalen Camp noch eine Ahnung vom ›echten‹ Afrika ein, ohne dass auf den üblichen Komfort (Mehrbetthütten mit Bad, Kochnische und Kühlschrank, Grillplätze usw.) verzichtet werden müsste.

Das Skukuza Rest Camp am ›Paul Kruger Gate‹ genannten Südeingang des Nationalparks ist aus einer ärmlichen Hüttensiedlung hervorgegangen und dient heute als logistisches Zentrum des Parks. Das Camp beherbergt rund 600 der insgesamt 4000 Betten im *Kruger*. Hier ist auch der Großteil der insgesamt 4000 Parkangestellten stationiert. Zum Skukuza Camp gehören Flugplatz, Bank, Tankstelle, Polizeistation, Postamt, Bibliothek, Informationszentrum, Freiluftkino, Restaurants, Pools und natürlich – Souvenirläden. Von Skukuza aus lassen sich herrliche Fahrten in die herb-schöne Buschlandschaft unternehmen, sei es, um gezielt Wild zu beobachten oder um einfach ein eindrucksvolles Naturerlebnis zu genießen. Offene Fahrzeuge sind im ganzen Park verboten, ebenso ist das Verlassen der Autos untersagt, es können jedoch Pausen an zahlreichen Picknickplätzen eingelegt werden, die z. T. auch über Grillplätze verfügen.

Krügers Tierleben – geduldigen Beobachtern zeigen sich im berühmtesten Nationalpark Südafrikas die Klassiker afrikanischer Fauna

39 Kruger National Park

Eine einzigartige Möglichkeit, die Atmosphäre des Kruger National Park zu erleben, bieten die geführten Wanderungen auf insgesamt sieben **Wilderness Trails**. Dabei geht es nicht um sportliche Höchstleistungen, der Schwerpunkt liegt vielmehr auf sorgfältiger Naturerkundung. Maximal acht Personen können an diesen Wanderungen teilnehmen, für die eine mehrmonatige Voranmeldung unerlässlich ist.

Bei Begegnungen mit den berühmten afrikanischen ›Big five‹ – Elefant, Löwe, Leopard, Büffel und Nashorn – brauchen Touristen nicht um ihr Leben zu fürchten, denn die Tiere haben sich an diese Gäste längst gewöhnt. Vorsicht ist natürlich trotzdem jederzeit geboten.

Die Tierbevölkerung des ›Kruger‹ bereitet den westlich angrenzenden Dörfern häufig Ärger, da die Felder immer wieder von Elefanten zertrampelt werden und das Vieh von Löwen gerissen wird. Bis 1995 ließ die Parkverwaltung Elefanten töten, um den angestrebten Bestand von etwa 7500 Tieren halten und eine Überbevölkerung verhindern zu können. Diese Praxis rief in der Öffentlichkeit Proteste hervor, sodass den Elefantenkühen heutzutage Zeit Anti-Baby-Pillen verabreicht werden.

Die *beste Besuchszeit* für Wildbeobachtungen ist der südafrikanische Winter, wenn das Gras niedrig steht und sich die Tiere an den Wasserstellen sammeln. Die abendlichen Schließzeiten der Camps sind ernst zu nehmen! Sonst gibt's Ärger mit den Rangern.

ℹ Praktische Hinweise

Information

Kruger National Park,
Tel. 013/735 40 00, zentrale Reservierung: Tel. 012/428 91 11, www.sanparks.org/parks/kruger. Rechtzeitige Reservierung der Unterkünfte wird empfohlen.

40 Swasiland

Wo der König auch heute noch König ist.

Mit einer Fläche von gut 17 000 km^2 ist das Königreich Swasiland eines der kleinsten souveränen Länder der Welt. Im Westen bilden die *Khahlamba Mountains*, die bis zu einer Höhe von über 1800 m aufsteigen, die Grenze zu Südafrika. Entlang dieser Bergkette liegt die jährliche Niederschlagsmenge bei 1000 mm, was Swa-

---

Der Geist von Thulamela

Hatte man bereits 1932 auf dem Hügel von Mapungubwe am Dreiländereck Botswana/Südafrika/Zimbabwe Goldfiguren aus dem 10. und 11. Jh. entdeckt, gelang es in den frühen 1990er-Jahren im nördlichen Kruger National Park, eine eisenzeitliche Palastanlage zu rekonstruieren. **Thulamela** (›Ort der Geburt‹) liegt auf einem Felsen oberhalb des Luvuvhu-Flüsschens nahe dem Rest Camp Punda Maria. Es ist umgeben von jahrtausendealten Baobabbäumen und fast ebenso alten Elefantenpfaden. Wissenschaftler haben hier die äußere Umfassungsmauer des heiligen Palastes von **Thulamela** wiedererrichtet, in dessen Innerem zwei **Gräber** mit Skeletten und **Goldschmuck** entdeckt wurden. Vermutlich handelt es sich dabei um die Grabanlagen des letzten Häuptlings und seiner Frau. Thulamela war etwa seit dem 13. Jh. besiedelt. Der letzte Häuptling dürfte um das Jahr 1700 verstorben sein.

Wissenschaftler und Sponsoren des Forschungsprojekts, insbesondere der Minenkonzern Gold Fields of South Africa, haben alles getan, um der Bedeutung gerecht zu werden, welche der heilige Ort noch heute für die hier ansässigen Stämme hat. Das bedeutete in der Praxis, dass sich Vertreter der **Shangaan** und der **Venda**, beraten von Medizinmännern, darauf einigten, welches Volk sich als rechtmäßiger Erbe Thulamelas betrachten dürfe.

Schließlich wurden die Venda zu den Nachfahren von Thulamela erklärt und folglich war es auch ihr Privileg, die Segnung des Ortes vorzunehmen. Sodann kamen Forscher und Stammesvertreter überein, dass die sterblichen Reste des Häuptlingspaares zwar wissenschaftlich untersucht werden dürfen, doch anschließend wurden sie wieder nach Thulamela zurückgebracht und bestattet. Ihr Geist ist also noch heute an diesem heiligen Ort gegenwärtig.

40 Swasiland

Dem Geheimnis der Fährtensuche auf der Spur: im Sabi Sabi Game Reserve

Outdoor pur – auf der Spur der Großwildfährten

Abgesehen von den südafrikanischen Klassikern unter den Outdoor-Aktivitäten wie Wild- und Naturbeobachtung sowie Safaris ist es auch möglich, ein **Game Ranger Training** zu absolvieren.

Wer davon träumt, der Spur eines Leoparden zu folgen, während ringsum Elefanten trompeten und Affen kreischen, hat Gelegenheit, Leben und Arbeit eines Rangers zu testen. Man wohnt im Nkombe-Camp des luxuriösen **Sabi Sabi Private Game Reserve** nahe dem Kruger National Park. Zusammen mit erfahrenen Wildhütern und Fährtenlesern taucht man in die grandiose Natur Afrikas ein, und schon nach kurzer Zeit kann man einen Akazien- von einem Baobabbaum unterscheiden sowie die Fährten von Löwen und Büffeln lesen und interpretieren. Nachts sitzt man dann bei Laternenlicht am Lagerfeuer, in der Ferne brüllt ein Löwe, und ein köstliches Steak brutzelt über der Glut.

Info: Tel. 011/447 71 72, www.sabisabi.com.

siland zu einem der wasserreichsten Gebiete im südlichen Afrika macht. Im Osten grenzen die niedrigen *Lebombo Mountains* das 145 km breite Territorium gegenüber Mosambik ab.

Die Swasi, Teil der Nguni-Sprachgruppe, besiedelten die Region etwa seit der Mitte des 18. Jh., Archäologen haben jedoch jahrtausendealte Siedlungsspuren nachgewiesen. In der Mitte des 19. Jh. kamen Goldschürfer in das Königreich, und es begann jener Konzessionsrausch, in dessen Verlauf die Swasi-Monarchie nach und nach weite Teile des Landes ausverkaufte. Erst unter dem Protektorat der Briten gelang es seit 1921 dem von London als König eingesetzten Häuptling *Sobhuza II.* auf dem Verhandlungsweg Land für sein Volk zurückzugewinnen. Als Swasiland 1968 von Großbritannien unabhängig wurde, befanden sich wieder zwei Drittel des einstigen Kronlandes im Besitz der Swasi. Heute lebt die Bevölkerung des Königreiches von der Landwirtschaft, vor allem vom Zuckerrohranbau. Daneben spielen der Bergbau sowie der Tourismus eine Rolle. In *Manzini*, wo sich auch der internationale Flughafen befindet, hat sich ein wenig verarbeitende Industrie angesiedelt.

Swasiland lohnt einen Abstecher wegen seiner Naturschönheiten und nicht zuletzt wegen seiner Nationalparks, von denen der **Hlane Royal National Park** (Tel. 002 68/528 39 44, www.biggameparks.org) im Nordosten des Landes eine

93

Swasiland

Grandioses Panorama: Sonnenaufgang in Swasiland.

Besonderheit darstellt. Das Swasi-Königshaus richtete hier 1967 ein königliches Jagdrevier ein, in dem die Natur ihren Lauf nimmt, ohne dass Wildhüter eingreifen. Die Folge ist u.a., dass hier viele Aasfresser wie Geier und Schakale vorkommen. *Wildbeobachtungen* im Park werden von kundigen Rangern geleitet, die *Unterbringung* erfolgt in gemütlichen Hütten, die mit allem Notwendigen ausgestattet sind.

Auf der Fahrt von Manzini in die Hauptstadt Mbabane erreicht man kurz hinter dem touristisch gut erschlossenen *Ezulwini* das **Ezulwini Valley** mit den königlichen Kraalen von Lositha und Lobamba. In Lobamba steht der *Embo State Palace,* der Königspalast. Das große repräsentative Gebäude ist allerdings nur von außen zu bewundern, selbst das Fotografieren ist hier verboten. 10 km weiter steht *Lositha State House* aus dem Jahr 1978. Der Sitz der Swazi-Monarchie beeindruckt durch seine Pracht und Ausmaße. Die Größe der Anlage wird verständlich, wenn man bedenkt, dass Sobhuza II. (1899–1982) 600 Nachkommen hatte.

Akribie gefragt: kunstvoll gefertigte Strohmatten für den Alltag oder als Souvenir

Zum Ezulwini Valley gehört auch das **Mlilwane Wildlife Sanctuary** (Tel. 00268/ 528 39 43, www.biggameparks.org), wo sich die malerische Landschaft mit ihrer vielfältigen Tierwelt besonders reizvoll vom Rücken eines Pferdes aus erschließt. Darüber hinaus kann man wandern, schwimmen und schöne Souvenirs kaufen – eine große Auswahl an Handarbeiten der Swasi wird hier angeboten.

Das 70 000 Einwohner zählende **Mbabane** liegt recht hübsch in einem Talkessel, der von den Dlangeni Hills gebildet wird. Entlang der *Allister Miller Street*, der Hauptdurchgangsstraße, befinden sich die meisten Geschäfte, Banken und diplomatischen Vertretungen. Der interessanteste Platz der Stadt ist zweifellos der *Swazi Market* am Ortseingang, gegenüber dem Swazi-Plaza-Komplex. Hier findet man Swasi-Kunsthandwerk in Hülle und Fülle, in gewebter, geschnitzter oder gemeißelter Form. Hinter dem Markt reihen sich einige schlichte *Restaurants* aneinander, an deren hygienische Stan-

Swasiland

dards allerdings keine allzu hohen Erwartungen gestellt werden sollten.

ℹ Praktische Hinweise

Landesvorwahl Swasiland
00268

Information
Swaziland Tourism Authority, Swazi Plaza, Mbabane, Tel. 00268/2404 2218, www.tourismswaziland.com

Einreise und Währung
Es gibt zwölf Grenzübergänge von Südafrika in das Königreich, drei der für Touristen wichtigsten sind tgl. 7–22 Uhr geöffnet. Es sind dies die Übergänge *Oshoek/ Ngwenya*, *Mahamba* sowie *Golela/Lavumisa* im Süden. Ein vierter bedeutender Posten, *Josefsdal/Bulembu*, ist 8–16 Uhr geöffnet. Deutsche, Schweizer und Österreicher benötigen für die Einreise einen **Reisepass,** der noch sechs Monate gültig ist. Will man mit einem Mietwagen von Südafrika aus einreisen, sollte man sich diesbezüglich vorher bei der Verleihfirma erkundigen. Die **Währungseinheit** Swasilands ist der Lilangeni, in der Mehrzahl Emalangeni (E). Er entspricht dem südafrikanischen Rand, der – abgesehen von Münzen – überall akzeptiert wird. Der Rücktausch im Ausland ist schwierig.

Hotels
Foresters Arms, Mhlambanyatsi, Tel. 00268/2467 4177, www.forestersarms.co.za/de/. Unweit der Hauptstadt in herrlicher Natur gelegen. Golfplatz nahebei.

Ematjeni Guest House, Lucungwa Street, Mbabane, Tel. 00268/2404 3110, www.ematjeni.com. Etwas abseits in den Bergen, dafür traumhaftes Panorama.

Rainbird Chalets, Bhunya Road, Malkern, Tel. 00268/528 3452, www.rainbirdchalets.com. Kleine Chalets mit Selbstversorgung inmitten einer Bananenplantage. Golf und Rafting nahebei.

Limpopo-Provinz – im Land der Legenden und weiten Ebenen

Flirrende Hitze über trockenem *Buschveld*, uralte Baobabs an den Ufern des träge dahinfließenden Limpopo und die Mythen der **Venda** prägen Südafrikas Grenzland im hohen Norden, die Limpopo-Provinz. Von der Provinzhauptstadt **Polokwane** mit ihren interessanten Museen und herrlichen Jacarandabäumen führt eine abwechslungsreiche Route durch die dichten Wälder rund um das hübsche Städtchen **Tzaneen** am östlichen Steilhang der Drakensberge. Im ›wilden Norden‹ verlocken der imposante **Soutpansberg** und die Region **Waterberg** mit ihren wunderbar einsamen Berglandschaften zu erlebnisreichen Wanderungen.

41 Polokwane

Idyllische Provinzhauptstadt.

Rund 320 km nördlich von Johannesburg liegt die Metropole der Limpopo-Provinz mit ihren breiten Straßen, den Jacaranda- und Korallenbäumen. Sie ist zugleich politisches, wirtschaftliches und kulturelles Zentrum der Region. 1884 vom damaligen Präsidenten Transvaals, Kommandant *Piet Joubert,* als Pietersburg gegründet, besitzt die 300 000 Einwohner zählende Stadt heute nur noch wenige historische Bauten.

Die wichtigsten Sehenswürdigkeiten gruppieren sich um den mit hübschen Gärten und Wasseranlagen geschmückten **Civic Square**, dem ein Musikpavillon aus den 1920er-Jahren eine ganz eigene Note verleiht. In den Library Gardens liegt das **Polokwane Art Museum** (Tel. 015/290 21 77, Mo–Fr 9–16, Sa 9–12 Uhr), das eine umfangreiche Sammlung von Gemälden südafrikanischer Künstler besitzt.

In der restaurierten *Dutch Reformed Church* ist die bemerkenswerte Sammlung des **Hugh Exton Photographic Museum** (Tel. 015/290 21 86, Mo–Fr 9–15.30 Uhr) zu sehen. Sie enthält mehr als 23 000 Glasnegative des Fotografen Hugh Exton, die die Entwicklungsgeschichte der Stadt dokumentieren.

Das Bakone Malapa Northern Sotho Open Air Museum zeigt das Leben der Nord-Sotho

Ausflug

9 km südlich von Polokwane lohnt das **Bakone Malapa Northern Sotho Open Air Museum** (Tel. 015/295 24 32, Di–So 8.30–15.30, Sa 9–15.30 Uhr) einen Besuch. Es ist ein sog. Living Museum, in dem Angehörige des Bakone-Stammes, die zum Volk der Nord-Sotho gezählt werden, in einem nachgebauten Kraal traditionelle Lebensweisen und handwerkliche Fertigkeiten präsentieren. Außerdem gibt es hier eine Dokumentation zur Nord-Sotho-Kultur und den Einflüssen der westlichen Zivilisation.

i Praktische Hinweise

Information

Limpopo Tourism & Parks Board, N1 Main Road, Polokwane, Tel. 015/293 36 00, www.golimpopo.com

Hotels

****Victoria Place Guest House**, 32 Burger Street, Polokwane, Tel. 015/295 75 99, www.victoriaplace.co.za. Komfortabel eingerichtetes Gasthaus in viktorianischem Stil, mit Pool und hübschem Garten.

****Protea Hotel The Ranch**, 22 km südlich von Polokwane an der N 1, Tel. 015/290 50 00, www.theranch.co.za. Freundliches Hotel auf einem Farmgelände mit Gärten.

41 Polokwane

Laden zum Baden und Wandern ein: die Debengeni Falls

***Garden Court Polokwane**, Thabo Mbeki Street/Paul Kruger Street, Polokwane, Tel. 015/291 20 30, www.southernsun.com. Modernes Haus im Zentrum.

Fusion Boutique Hotel, 5 Schoeman Street, Polokwane, Tel. 015/291 40 42, www.fusionboutiquehotel.co.za. Fünf-Sterne-Luxus in Polokwane.

42 Tzaneen und Magoebaskloof

Dichte Wälder, bunte Orchideen und ausgedehnte Teeplantagen.

Das Städtchen **Tzaneen** schmiegt sich an den östlichen Steilhang der Drakensberge. Hier werden Tee, Kaffee, Nüsse und Zitrusfrüchte angebaut. Der idyllische Ort eignet sich bestens als Ausgangspunkt für Ausflüge zu den 25 km westlich gelegenen Wasserfällen **Debengeni Falls**, wo man schwimmen und picknicken kann, sowie in die dicht bewaldete Berglandschaft von **Magoebaskloof** mit der gleichnamigen Passstraße. Wanderfreunde können die prächtigen Regenwälder entlang des 36 km langen *Dokolewa Trail* erforschen. Auch kleine Etappen sind möglich. Eine Tagestour über 14 km führt nach Grootbosch (›großer Wald‹), wo sich ausgedehnte Bestände einheimischer Hölzer befinden. Es empfiehlt sich, zuvor Sicherheitsanfragen beim Tourismuscenter zu stellen.

Der eigentliche **Magoebaskloof Forest** ist der dichteste und unberührteste Wald der Region. Baumwipfel und Unterholz sind hier durch Kletter- und Schlingpflanzen zu einem Dickicht verwoben, das bunte Farbtupfer durch wilde Orchideen erhält.

Praktische Hinweise

Information

Tourism Centre, im Nordwesten von Tzaneen an der R 71, Tel. 015/307 35 82, www.golimpopo.com

Hotels

*******Coach House**, Old Coach Road, 15 km südlich von Tzaneen, Tel. 015/306 80 00, www.coachousehotel.co.za. Luxuriöse Ausstattung, exzellente Küche, Blick über die Berge.

******The Village at Fairview**, Old Gravelotte Road (R 71), 2 km östl. von Tzaneen, Tel. 015/307 26 79, www.fairviewlodge.co.za. Landhaus mit Restaurant, Golfplatz und Pool in einem 26 ha großen Areal mit riesigen Bäumen und subtropischer Vegetation.

43 Louis Trichardt

Günstiger Ausgangspunkt für die Erkundung des ›wilden Nordens‹.

Das nach einem Voortrekker-Führer benannte Städtchen, das zwischen 2003 und 2007 für kurze Zeit in Makhado umbenannt worden war, liegt an den südlichen Hängen der aus dem Highveld steil aufragenden Soutpansberge. Makhado/Louis Trichardt ist aus dem 16 km westlich gelegenen *Schoemansdal* hervorgegangen, das 1867 von den Bavenda bis auf die Grundmauern niedergebrannt wurde. In der Mitte des 19. Jh. blühte dort zeitweilig der Elfenbein- und Waffenhandel, und bis zu 30 t Blei für Munition wechselten in manchen Jahren den Besitzer.

Heute ist Louis Trichardt eine wichtige Transitstation auf der Straße von Kapstadt nach Zimbabwe. Die Bevölkerung lebt überwiegend von der Rinderzucht sowie dem Anbau von Tee, Kaffee und Zitrusfrüchten.

Sehenswert ist das **Fort Hendrina** hinter dem Gebäude der Stadtverwaltung, ein mobiles Fort aus Metall, mit dem sich die frühen Siedler gegen schwarze Stämme zu verteidigen suchten.

Ausflüge

Rund 20 km östlich der Stadt bietet der **Albasini-Damm** erfrischende Wassersportmöglichkeiten (ohne Bilharzia-Gefahr, s. S. 131). Der Portugiese *João Albasini* handelte hier einst mit den Voortrekkern Elfenbein, das er in die Delagoa Bay von Mosambik weitertransportierte.

Das **Schoemansdal Museum** (Tel. 015/51 42 37, zzt. wegen Renovierung geschl.) an der westwärts nach Vivo führenden R 522 ist eine interessante Nachbildung der ehem. Voortrekker-Siedlung und gestattet einen Einblick in die Alltagswelt der Buren in der Mitte des 19. Jh.

Weiter westlich zweigt eine Piste nordwärts zur Missionsstation von **Buysdorp** ab. *Coenraad de Buys* machte sich im frühen 19. Jh. als Vagabund, Gesetzesbrecher und Abenteurer einen Namen. Transvaal-Präsident Paul Krüger überließ den ›Buys-Leuten‹ schließlich ein Stück Land am Fuße des Soutpansberg, wo ihre Nachkommen heute noch leben.

i Praktische Hinweise

Information

Soutpansberg Tourism, N 1/Songowzi Street, Makhado/Louis Trichardt, Tel. 015/516 00 40, www.soutpansberg-tourism.co.za

Hotel

Mount Azimbo Lodge, Middelfontein farm N1, Louis Trichardt, Tel. 084/580 47 62, www.mount-azimbo.co.za. Ca. 10 km außerhalb gelegen, schöne Aussicht, freundlicher Service.

Saftige Vegetation in der Nähe der Debengeni Falls bei Magoebaskloof

44 Soutpansberg

Imposanter Höhenzug im Norden.

Dichte Wälder aus Kiefern, Eukalyptus-, Stinkwood- und Yellowwoodbäumen bedecken die Hänge dieses sich über 130 km in west-östlicher Richtung erstreckenden Bergmassivs. Sein Name (›Salzpfannenberg‹) weist auf die *Salzvorkommen* am nordwestlichen Rand des Höhenzugs hin, die über Jahrhunderte von Schwarzen und Weißen gleichermaßen ausgebeutet wurden.

Auf der Kuppe der Bergkette, wo die Fernstraße N 1 die Felsen durchschneidet, bietet sich von den Seitenstraßen aus ein fantastischer *Ausblick* nach Süden über das Plateau des Highveld. Ähnliche Panoramaerlebnisse ermöglicht ein Besuch des **Entabeni State Forest**, den man östlich von Louis Trichardt auf der R 524 erreicht. Drei kleine *Naturreservate* inner-

Soutpansberg

Der Nyala gehört zu einer Antilopenart, die noch wenig erforscht ist

halb dieses Waldes machen den Besucher mit den Bemühungen der Behörden vertraut, einheimische Baumbestände zu rekultivieren. Außerdem sind hier zahlreiche Tierarten zu Hause, darunter Affen, Antilopen, Leoparden und verschiedene Greifvogelarten.

Einen besonders intensiven Eindruck von dieser Mittelgebirgslandschaft vermittelt der **Soutpansberg Hiking Trail** (Infos: Tel. 013/754 27 24, www.komatiecotourism.co.za). Dieser rund 20 km lange Wanderweg besteht aus zwei Tagesetappen und führt durch Eukalyptus- und Stinkwoodwälder. Übernachten kann man in Schutzhütten.

Praktische Hinweise

Information
Soutpansberg Tourism [s. S. 99]

Hotel
Shiluvari Lakeside Lodge, Straße R 578, Richtung Gyani, Beschilderungen folgen, Louis Trichardt, Tel. 015/556 34 06, www.shiluvari.com. Am Rand von Bergen und Wäldern in der Nähe heiliger Seen und Ruinen der Vanda gelegen.

45 Musina Nature Reserve

Feurige Sonnenuntergänge am afrikanischen Abendhimmel.

Das **Musina Nature Reserve** (Tel. 015/516 34 15, tgl. 7.30–16 Uhr, Unterbringung in einem Safari-Camp mit Zeltenmöglich) liegt 6 km südlich der Stadt Musina und ist die Heimat von etwa 12 000 Affenbrotbäumen (Baobabs). Diese beeindruckenden Baumriesen ragen zum Teil über 20 m in den Himmel und erreichen einen Umfang von 16 m. Auf den verschiedenen Wanderwegen durch das Reservat bieten sich außerdem gute Möglichkeiten zur Beobachtung von Wildtieren, wie der seltenen Rappenantilope, Giraffen, Zebras und Kudus.

Ausflug
Baobabs begleiten den Reisenden auch zum 17 km entfernten Grenzübergang **Beit Bridge** am Limpopo, dessen nördliches Ufer bereits zu Zimbabwe gehört. Besonders stimmungsvoll wirkt die Landschaft, wenn abends die Sonne hinter den knorrigen Baumriesen versinkt.

Praktische Hinweise

Information
Musina Tourist Office, 21 Irwin Street, Musina, Tel. 015/534 61 00, www.musina.gov.za

Hotels
****Klein Bolayi Game Lodge**, 19 km westl. von Musina, Tel. 015/534 09 75, www.gamelodgebolayi.com. Komfortable Unterkünfte in hübschen, mit Gras gedeckten Chalets in einem privaten Wildschutzgebiet. Das Restaurant bietet deutsche und südafrikanische Küche.

Tierische Lausbuben: Körperpflege bei den Vervet Monkeys im Entabeni State Forest

46 Land der Venda

Der Big Tree bei Tshipise ist mit über 30 m ›Leibesumfang‹ Südafrikas größter Baobab

Günther's Country House, Irvin Street, Musina, Tel. 015/534 10 19. Gute Übernachtungsgelegenheit auf dem Weg nach Zimbabwe.

46 Land der Venda

Legenden, Mythen und heiße Quellen.

Im äußersten Nordosten Südafrikas, zwischen der N 1 und dem nördlichen Kruger National Park [Nr. 39], erstreckt sich das bitterarme Land der Venda, das während der Apartheidjahre den Status eines Homelands hatte. Hier leben überwiegend Angehörige des Venda-Volkes, die noch ganz ihrem Glauben, ihren Mythen und ihren Gebräuchen verbunden sind. So werden die Jugendlichen bei dem komplexen Initiationsritus mehrere Wochen von ihren Familien getrennt und von einer Art Lehrmeister für die Aufnahme in die Erwachsenenwelt geschult.

Thohoyandou, die Hauptstadt des ehemaligen Homelands Venda, verfügt im Zentrum über einige Verwaltungsgebäude aus der Apartheidzeit. Als Attraktion für Freunde des Glücksspiels lockt das *Casino* des Khoroni Hotels [s. S. 102]. Im Übrigen ist die Stadt ein guter Ausgangspunkt, um den nördlichen Teil des *Kruger National Park* [s. Nr. 39] zu erkunden.

Der von Bergen umgebene **Lake Fundudzi** genießt die besondere Verehrung der Venda, lebten in dieser Gegend doch einst mächtige Medizinmänner. Nach dem Glauben der Venda haust tief unten im See die Python-Gottheit der Fruchtbarkeit – kein Wunder, dass Baden und Waschen hier verboten sind. Theoretisch ist ein Besuch des ca. 35 km nordwestlich von Thohoyandou gelegenen Sees mit einer Erlaubnis der lokalen Behörden möglich, sie wird nur sehr selten erteilt.

In **Tshipise**, ca. 40 km südöstlich von Messina, sprudeln *heiße Quellen* aus dem Erdreich, die den Venda ebenfalls heilig sind. Ein *Heilbad* mit touristischen Einrichtungen sorgt hier für Entspannung. *Felsformationen* im nahen Sand River tragen den wissenschaftlichen Namen **Sand River Gneiss**. Sie zählen mit ihren 3,8 Mrd. Jahren zu den ältesten der Erde. Über Staubpisten gelangt man von Tshipise auch zum **Big Tree**, dem landesweit größten Baobabbaum, dessen Umfang weit über 30 m beträgt. Seit wohl über 1000 Jahren ist er stummer Zeuge des Geschehens in diesem verlassenen Teil Afrikas.

46 Land der Venda

Auf der Suche nach dem großen Glück: Spielautomaten im Casino von Thohoyandou

Praktische Hinweise

Hotel
***Khoroni**, Mphephu Street, Thohoyandou, Tel. 015/962 46 00, www.khoroni.co.za. Hotel im Zentrum mit Casino.

Familienkutsche: Das Eselgespann der Venda ist vielseitig im Einsatz

47 Waterberg

Thermalquellen und unberührte Berglandschaften.

Im Südwesten der Limpopo-Provinz dehnt sich die bis knapp über 2000 m ansteigende Landschaftsregion Waterberg mit ihren Bächen, Quellen und Feuchtgebieten aus. Kletterer sehen sich hier durch senkrecht aufragende Felspartien herausgefordert und Vogelfreunde haben die Chance, auf der ›Geierpalast‹ genannten Anhöhe die seltenen *Kapgeier* zu beobachten. Ein beeindruckendes Naturerlebnis ist auch die 20 km südlich von Ellisras gelegene **Lapalala Wilderness Area** (Tel. 014/755 43 95, www.lapalala.com), in der neben zahlreichen anderen Tierarten auch die seltene Pferdeantilope zu Hause ist.

Wichtigster Ort der Region ist **Modimolle**, dessen ursprünglicher Name Nylstrom das Ergebnis eines veritablen historischen Irrtums ist. Dachten doch die burischen Voortrekker, als sie vom Kap nach Norden zogen, sie hätten hier gerade den Fluss Nil überquert und seien nun am Ziel ihres Exodus, dem Heiligen Land, angekommen. Das örtliche *Museum* widmet sich besonders dem Leben J. G. Strijdoms, des zweiten Premierministers von Südafrika in der Apartheidära, der seinen Wahlkreis für die Nationale Partei im Waterberg-Gebiet hatte.

Waterberg

Knapp 30 km südlich von Modimolle liegt das Mineralbad **Bela-Bela/Warmbaths**, dessen Anlagen denen von Baden-Baden nachempfunden wurden. Die besonders bei Rheumakranken beliebten Thermalquellen ziehen jedes Jahr rund 250 000 Kurgäste an.

Westlich von Modimolle entstand 1953 die Bergbaustadt **Thabazimbi**. Sie hat wenig Sehenswertes zu bieten, eignet sich aber gut als Ausgangspunkt für Fahrten in verschiedene Naturreservate.

In dem 1996 eröffneten **Marakele National Park** (s.u.) ca. 30 km nordöstlich von Thabazimbi versuchen die Behörden aus der Not des Kruger National Park [Nr. 39] eine Tugend zu machen: Da der Kruger von *Elefanten* überbevölkert ist, der Abschuss von jährlich 400 Elefanten jedoch auf Kritik stieß, werden die großen Dickhäuter jetzt von dort auf das derzeit 44 000 ha große Marakele-Gelände umgesiedelt. Darüber hinaus bietet der Park 275 Vogel- und 21 Großtierarten ein Refugium, unter anderem auch dem vom Aussterben bedrohten Kapgeier. Für Besucher stehen zwei verschwiedene Unterkünfte zur Verfügung: ein Campingplatz neben der Parkrezeption oder ein Camp mit komplett ausgestatteten Safarizelten, das an einem vom Tlopi-Fluss gespeisten Stausee liegt. Vom Fluss aus genießt man einen großartigen Blick auf Wasserlilien, subtropische Farne und Yellowwood-Bäume. Die Zufahrt, die über viele sandige Pisten führt, ist ausschließlich mit geländegängigen Fahrzeugen möglich.

Praktische Hinweise

Information

Modimolle Info & Tourism, Nelson Mandela Drive, Modimolle, Tel. 014/717 46 60, www.modimolle.info

Bela-Bela Tourism, Bela-Bela Waterfront, Bela-Bela/Warmbaths, Tel. 014/736 36 94, www.belabelatourism.co.za

Marakele National Park, Tel 014/777 69 29, www.sanparks.org/parks/marakele, Sept.–April tgl. 7.30–18, Mai–Aug. tgl. 7.30–17.30 Uhr

Hotel

***Shangri-La Country Hotel**, Eersbewoond Road, zwischen Bela-Bela/Warmsbaths und Modimolle, Tel. 014/718 16 00. Komfortables Hotel auf einer 32 ha-Farm, mit herrlichem Pool, in der Nähe liegt ein Kraal des Ndebele-Stammes.

Afrikanische Strauße bei Sonnenaufgang im Marakele National Park

Nordwest-Provinz – Wunderwelten, Wildnis pur und fruchtbare Landschaft

Die endlosen Weiten afrikanischer Ebenen, Mais- und Tabakfelder, die bis zum Horizont reichen sowie die Glitzerwelt von **Sun City**, der südafrikanischen Antwort auf Las Vegas, charakterisieren heute die herbe Nordwest-Provinz Südafrikas. Einen eindrucksvollen Kontrast hierzu bilden die urwüchsige Natur und die wilde Bergschönheit des größten Nationalparks des Landes, des **Pilanesberg Game Reserve**. Er ist eingebettet in den Krater eines vor Jahrmillionen erloschenen Vulkans von 27 km Durchmesser und wird von etwa 10 000 Tieren bevölkert. An die Burentradition vergangener Zeiten erinnert die Stadt **Potchefstroom**.

48 Sun City

Der schöne Schein schlechthin.

Etwa 250 km nordwestlich von Johannesburg liegt am südlichen Rand des *Pilanesberg Game Reserve* [Nr. 49] Sun City. Geliebt und gehasst wegen ihres geradezu provokativen Luxus inmitten der bitteren Armut der Region, lockt die Stadt aus Kunststoff, Glas und Marmor zigtausende Touristen und Spieler an.

Sol Kerzner, millionenschwerer Hotelmagnat aus Johannesburg, stampfte die Vergnügungsstadt während der Apartheidjahre in dem Homeland Bophuthatswana aus dem Boden, als so manche Lustbarkeit im calvinistisch-prüden Südafrika noch verpönt war. Längst eine Hauptattraktion des südafrikanischen Tourismus, wirkt Sun City mit ihrem künstlichen tropischen Dschungel, ihren Palmen, Stränden und synthetisch erzeugten Meereswellen wie eine unwirkliche Oase. Kinos, Sportanlagen und hochkarätige Unterhaltungsshows gehören ebenso zum Angebot wie Glücksspiele. Im Dezember wird hier alljährlich im Rahmen des **Miss South Africa Pageant** die schönste Frau Südafrikas gewählt.

Sun City verfügt über Hotels aller Kategorien, als absolutes Superlativ überragt sie der **Palace of the Lost City** (s. u.) mit seinen Türmen, Minaretten und Mosai-

The Palace of the Lost City: Luxushotel in der Vergnügungsstadt Sun City.

104

48 Sun City

Wildnis soweit das Auge reicht: Die Nordwest-Provinz hat ihren ganz eigenen Charme

ken. Als Kontrastprogramm kann man bei Ausflügen ins nahegelegene Pilanesberg Game Reserve [Nr. 49] bei Pirschfahrten und Wanderungen die Natur erleben.

Praktische Hinweise

Information

Sun City Resort Welcome Centre, Sun City, Tel. 014/557 10 00, internationale Reservierung: Tel. 011/780 78 10, www.suninternational.com

Hotels

*******Palace of the Lost City**, Sun City, zentrale Reservierung Tel. 011/780 78 10, www.suninternational.com. Atemberaubendes Luxushotel, das zum Kreis der ›Leading Hotel of the World‹ gehört.

*******The Cascades**, Sun City, zentrale Reservierung Tel. 011/780 78 10, www.suninternational.com. Hotelanlage mit großem Garten, in dem sich rauschende Kaskaden und eine tropische Pool-Landschaft befinden.

49 Pilanesberg Game Reserve

Ein ursprüngliches Stück Afrika vor den Toren Johannesburgs in einem erloschenen Vulkan.

Stärker könnte der Kontrast kaum sein: Von Sun City zum Naturwunder Pilanesberg ist es nur ein Katzensprung. Eingebettet in den Krater eines vor Jahrmillionen erloschenen Vulkans von 27 km Durchmesser, erstreckt sich der Pilanesberg Game Reserve Nationalpark auf 58 000 ha Fläche, was ihn zu einem der größten im Lande macht.

Vor allem Urlauber aus dem Großraum Johannesburg genießen hier die authentische afrikanische *Naturerfahrung*. Rund 10 000 Tiere, darunter Elefanten, Leoparden, Löwen, Nashörner, Büffel und Flusspferde sowie über 350 Vogelarten sind auf dem Areal zu Hause. Mehr als 200 km guter Straßen stehen dem Besucher für selbständige Fahrten durch den Park zur Verfügung, Aussichtsplätze und Picknickareale laden zum Verweilen ein. *Geführte Wanderungen* sind von den Unterkünften aus möglich – unvergesslich ist eine Nachtpirsch unter dem Kreuz des Südens. Das Angebot an *Unterkünften* im Park reicht von Safarizelten bis zu luxuriösen Chalets und Hotels.

Praktische Hinweise

Information
Pilanesberg Game Reserve, Mai–Sept. tgl. 6.30–18, Nov.–Febr. tgl. 5.30–19, März/April, Okt. tgl. 6–18.30 Uhr, Info: www.pilanesbergnationalpark.org, Unterkünfte: www.pilanesberg-game-reserve.co.za.

50 Potchefstroom

Erinnerungen an die Burentradition vergangener Tage.

Die erste Hauptstadt der alten Republik Transvaal wurde 1838 von dem Voortrekker *Hendrik Potgieter* gegründet, nachdem dieser die Kampfverbände Mzilikazis geschlagen und gen Norden abgedrängt hatte. Heute ein bedeutendes Zentrum für Rinderzucht sowie Erdnuss- und Sonnenblumenanbau, galt ›Potch‹ bis zur politischen Wende 1990 als ausgesprochen konservativ im Sinne burisch-calvinistischer Prägung. Sehenswert sind

50 Potchefstroom

im Stadtzentrum zunächst die 1866 errichtete **Dutch Reformed Church**, die älteste Kirche im Nordwesten Südafrikas, sowie die benachbarte **St. Mary's Anglican Church** (1891), deren Stolz ihre prächtigen Glasfenster sind.

Ein wichtiges Besucherziel ist auch der Komplex des **Potchefstroom Museum** (Tel. 018/299 50 23, Mo–Fr 9–13 und 14–16, Sa 9–13, So 14.30–16.30 Uhr), das mehrere Einrichtungen umfasst: Das *Main Museum* (Gouws Street/Wolmarans Street) zeigt im Wechsel kunst- und kulturhistorische Ausstellungen. Das nach deutschen Siedlern der Frühzeit der Stadt benannte *Goetz/Fleischack Museum* (Gouws Street/Potgieter Street) reflektiert den bürgerlich-viktorianischen Lebensstil vom Ende des 19. Jh., das *President Pretorius Museum* (Esselen Street/van der Hoff Road) spiegelt das urbane Ambiente im Haus des früheren Präsidenten Martinus Wessel Pretorius wider. Das *Totius House Museum* (Molen Street) schließlich ist dem Leben und Werk von J. D. du Toit gewidmet. Ihm verdankt Südafrika die erste Bibelübersetzung ins Afrikaans.

ℹ Praktische Hinweise

Information
Information Office, Town Hall, Kerk St., Potchefstroom, Tel. 018/293 16 11, www.potchefstroom.co.za.

Hotels
******Akkerlaan Guest House**, 54 Van Riebeeck Street, Potchefstroom, Tel. 018/293 12 13, www.akkerlaan.co.za. Individuell gestaltete Zimmer, ruhig und zentral.

Oben: *Ruhe vor dem Sturm – stündlich erschüttert ein ferngesteuertes Erdbeben den Elephant Walk in Sun City (oben)*
Unten: *Mit dem Heißluftballon die Schönheit des Pilanesberg National Parks erfahren*

107

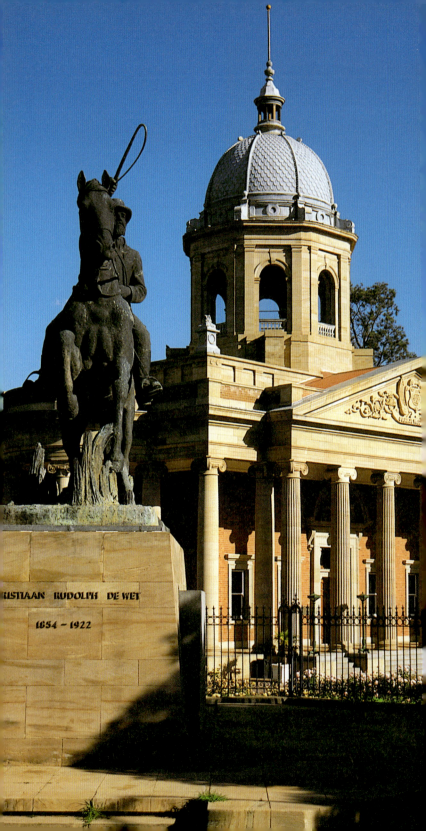

Freistaat – dörfliche Idyllen und überwältigende Bergszenarien im Herzen Südafrikas

Die früher Oranje-Freistaat genannte Provinz Freistaat mit ihrer Hauptstadt **Bloemfontein** liegt zwischen den Flüssen *Vaal* und *Oranje* im Landesinneren und ist vergleichsweise reich. Satte Weidelandschaften, Viehherden und ausgedehnte Weizenfelder rund um das malerische Städtchen **Bethlehem** bezeugen den Wohlstand. Im Osten der Provinz ragen bizarre Sandsteinformationen des *Rooiberg* in den Himmel und mit dem **Golden Gate Highlands National Park** erstreckt sich eine der faszinierendsten Landschaften in Südafrika. Ein Abstecher in das **Königreich Lesotho** führt durch eine grandiose Bergwelt, deren Besuch man nicht versäumen sollte.

51 Bloemfontein

Provinzhauptstadt mit Charme.

Die auf den ersten Blick ein wenig spröde wirkende Provinzhauptstadt mit gut 460 000 Einwohnern wurde 1846 gegründet und ist Sitz des Obersten Gerichtshofes von Südafrika. Auch als ›Stadt der Rosen‹ bekannt, verdankt Bloemfontein seinen Namen wohl den vielen Blumen, die um eine Quelle in der ersten Siedlung der Weißen sprossen. Scherzhaft wird die Stadt heute manchmal ›Tolkienfontein‹ genannt, nach dem Schöpfer des ›Herrn der Ringe‹ J.R.R. Tolkien (1892–1973), der hier geboren wurde und dessen kurzer Aufenthalt von 3 Jahren in einem **Tolkien Trail** gewürdigt wird. Der Spaziergang gibt einen Überblick über das Leben von Tolkien und seiner Familie in der Stadt. Er führt vom Friedhof, auf dem der Vater begraben wurde, über die Kirche, in der er getauft wurde, zum Haus seiner Kindheit (Infos und Broschüre, Tel. 051/405 84 89).

Obwohl Bloemfontein Teile der alten Bausubstanz moderner Zweckarchitektur – umstritten war zeitweilig der Glaspalast der Stadtverwaltung **Civic Centre** – geopfert hat, verfügt die Metropole dennoch über eine beachtliche Zahl interessanter Gebäude aus vergangenen Tagen.

Die **President Brand Street** im Zentrum ist die geschichtsträchtigste Straße und mit ihren Sandsteinbauten im klassischen Stil eine der würdevollsten des Landes. Die meisten Sehenswürdigkeiten sind hier wie an einer Perlenschnur aufgereiht. Den Anfang macht die **City Hall** ❶. Sie ist mit ihren Türmen und den Teichanlagen an der Frontseite das Wahrzeichen der Stadt. Im *Inneren* überrascht eine wertvolle Ausstattung aus italienischem Marmor und burmesischem Holz.

Wenige Meter weiter steht der **Appeal Court** ❷, das Berufungsgericht des Obersten Gerichtshofes. Dieses zweistöckige Gebäude von 1929 besitzt eindrucksvolle, mit Stinkwoodtäfelung und Schnitzarbeiten dekorierte Innenräume.

Gleich gegenüber befindet sich der **Fourth Raadsaal** ❸, seit 1854 das Parlamentsgebäude der damaligen Oranje-Republik. Dieses mit einer Kuppel versehene Bauwerk gilt als die einzige Bauart, das noch den Stil der Pioniere Bloemfonteins im 19. Jh. widerspiegelt. Interessant ist die Kombination von Klassizismus und Neorenaissance in der *Säulenarchitektur*, während die Verwendung von Sandstein und Ziegel für die Freistaat-Architektur typisch ist.

Da seit der politischen Wende die afrikaanse Kultur und Sprache an Einfluss verliert, dürfte das **National Afrikaans**

Eines der schönsten Gebäude und Wahrzeichen Bloemfonteins: Fourth Raadsaal mit Christiaan-de-Wet-Denkmal

Literary Museum and Research Centre ❹ (Tel. 051/405 40 34, Mo–Fr 8–16, Sa 9–12 Uhr) mit seiner sehr gut sortierten Bibliothek afrikaanser Autoren immer mehr an Bedeutung gewinnen. Teil des Komplexes sind das *Afrikaans Music Museum* sowie das *Theatre Museum*, die alte Musikalien und Kostüme zeigen.

An der Ecke zur St. Georges Street steht der imposante viktorianische Bau der **Old Presidency** ❺ (Tel. 051/448 09 49, Mo–Fr 8–15.30 Uhr) aus dem Jahr 1885. Nach seiner Restaurierung entstand aus der ehem. Residenz der Präsidenten ein Museum, das sich mit der Geschichte des Freistaates beschäftigt und historische Einrichtungsgegenstände zeigt, sowie ein Kulturzentrum für Kunstausstellungen und Konzerte. Wenige Schritte entfernt bildet der **First Raadsaal** (Tel. 051/447 96 09, www.nasmus.co.za, Mo–Fr 10–13, Sa/So 14–17 Uhr) ❻ den Abschluss des Spaziergangs entlang der President Brand Street. Als Schule 1849 fertig gestellt, dann auch als Sitz des Parlaments und als Kirche genutzt, ist es das älteste original erhaltene Gebäude der Stadt und zeigt heute in seinen Räumen eine Sammlung zur Stadtgeschichte.

Von 1880 stammt die **Tweetoringkerk** ❼ der Holländisch-Reformierten Gemeinde an der Church Mall. Die beiden charakteristischen *Türme* sind denen des Bamberger Doms nachempfunden.

Etwas westlich des Zentrums liegt an einem künstlichen See die Loch Logan Waterfront (First Avenue/Henry Street, www.lochlogan.co.za), eines der größten Einkaufs- und Vergnügungszentren Südafrikas. Mit über 100 Geschäften, diversen Restaurants, Bars und Kinos bietet der moderne Komplex alles, was das Herz von Shoppingfreunden begehrt.

Einen *Panoramablick* über die Stadt gewährt der **Naval Hill** ❽ im Zentrum, der seinen Namen zwei britischen Schiffskanonen verdankt, die am höchsten Punkt stehen. Wegen der oft sternklaren Nächte errichtete hier die University of Michigan 1927 das *Lamont Hussey Observatory*, das bis in die 1970er-Jahre in Betrieb war. Heute dient das *Observatory Theatre* als Theater- und Kulturzentrum.

Am Fuße des Naval Hill bietet das **Franklin Game Reserve** ❾ (Tel. 051/ 405 81 24, tgl. 8–17 Uhr) Naturgenuss in Gesellschaft zahlreicher Wildtiere und Vogelarten. Bloemfontein ist damit weltweit eine der wenigen Großstädte, die ein Wildreservat in der City besitzen.

Praktische Hinweise

Information

Bloemfontein Tourist Information Office, 60 Park Road, Willows, Bloemfontein, Tel. 051/405 84 89, www.bloemfontein.co.za

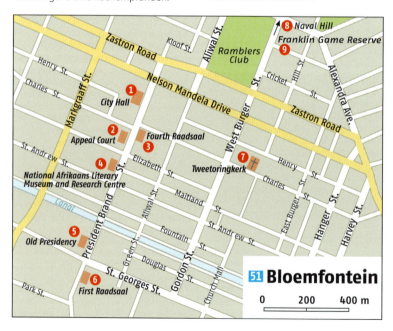

52 Bethlehem und Clarens

Gold- und orangefarben schimmernde Bergmassive bestimmen das Landschaftsbild des Golden Gate Highlands National Park an der Grenze zu Lesotho

Hotels

******Hobbit Boutique Hotel**, 19 President Steyn Avenue, Westdene, Bloemfontein, Tel. 051/447 06 63, www.hobbit.co.za. Gemütliches Haus von 1925 mit viktorianischem Interieur.

*****Southern Sun Bloemfontein**, Nelson Mandela Drive/Melville Drive, Brandwag, Bloemfontein, Tel. 051/444 12 53, www.southernsun.co.za. Geschmackvolle Anlage mit Pool.

*****President**, 1 Union Avenue, Bloemfontein, Tel. 051/430 11 11, www.hotelpresident.co.za. Modernes, mehrstöckiges Haus auf dem Naval Hill.

Restaurants

St Elmo's Pizzeria, Quik Spar Centre, Heuwelsig, Bloemfontein, Tel. 051/436 91 58, www.stelmos.co.za. Gute Holzofenpizza.

52 Bethlehem und Clarens

Kleinstadt- und Dorfidylle am Rande grandioser Bergwelt.

Am Ufer des *Jordan River* und umgeben von riesigen Weizenfeldern liegt der beliebte Ferienort **Bethlehem**. Sein *Stadtbild* vor der großartigen Kulisse der im Süden aufragenden Malutiberge zählt zu den schönsten im Freistaat. Die um 1840 von Voortrekkern gegründete Siedlung besitzt noch eine Reihe historischer Gebäude, die z. T. zu Nationaldenkmälern erklärt wurden. Im *Bethlehem Museum* (7 Muller Street, Tel. 058/303 34 77, Di–Fr 10–17 Uhr) kann man sich über die Stadtgeschichte informieren. Lohnend ist auch ein Besuch des *Pretoriuskloof Nature Reserve*, das sich an den Ufern des Jordan River erstreckt. In dem Schutzgebiet sind zahlreiche Vogelarten und Kleinwild zu beobachten. Etwas außerhalb der Stadt kann man das *Wolhuterskop Game and Nature Reserve* (Tel. 058/303 57 32) zu Pferd erkunden und Antilopen beobachten. Auch Wanderungen werden angeboten. Hoch hinaus geht es im Juni. Dann ist Bethlehem Schauplatz der *National Hot Air Balloon Championship*, zu der Heißluftballon-Fans aus aller Welt anreisen.

Das 40 km südlich von Bethlehem am Eingang zum Golden Gate Highlands National Park [Nr. 53] gelegene **Clarens** wird zuweilen auch ›Juwel des Freistaats‹ genannt. In unmittelbarer Nähe beeindrucken die fantastischen Felsformationen des Rooiberg aus gelbem und rötlichem Sandstein, der für diese Gegend so typisch ist. Hier hat man Gelegenheit zum Klettern, Abseilen und White Water Rafting (Infos: Tel. 058/256 11 73, www.infoclarens.com). Im Ort selbst gibt es eine Reihe von kleinen *Kunstgewerbegalerien*. Rund um den Ort warten viele schöne *Felsmalereien der San* auf ihre Entdeckung.

52 Bethlehem und Clarens

Trittsicher – die Pferde der Basuto sind das Auf und Ab im Bergland Lesothos gewohnt

Praktische Hinweise

Information

Bethlehem Tourist Office, Civic Centre, 9 Muller Street, Bethlehem, Tel. 058/303 57 32

Mountain Odyssey, 368 Main Street, Clarens, Tel. 058/256 11 73, www.infoclarens.com

Hotels

*******Fisant**, 10 Thoi Oosthuyse Street, Panorama, Bethlehem, Tel. 058/303 71 44, www.fisant.co.za. Stilvolles Haus mit großem Garten.

******Martelle's Bed & Breakfast**, 38 Oxford Street, Bethlehem, Tel. 058/303 35 50, www.martelles.co.za. Mitten im Ort, jedoch ruhig gelegen, Abendessen möglich nach Absprache.

53 Golden Gate Highlands National Park

> **TOP TIPP** *Goldfarbene Felsen, Blumenpracht, und gelegentlich eine faszinierende Winterlandschaft.*

Der Golden Gate Highlands National Park ist benannt nach den Schattierungen von Gelb- und Goldtönen, welche die Sonne auf die Sandsteinfelsen zaubert. Er schmiegt sich an die Hänge der wuchtigen Berge nahe Lesotho. Das eigentliche **Golden Gate** bilden zwei mächtige rostrote Felsklötze von 76 m Höhe. Während im Winter Schneegestöber dieser Szenerie ihren besonderen Reiz verleihen kann, erblühen im Frühling Abertausende von Blumen. *Wanderwege* unterschiedlicher Länge und Schwierigkeitsgrade durchziehen das knapp 12 000 ha große Gelände, das von Antilopen, Zebras, Mungos und mehreren Greifvogelarten bevölkert wird.

Im Park stehen zahlreiche Unterkunftsmöglichkeiten zur Verfügung, vom Campingplatz über strohgedeckte Rundhütten bis zum luxuriösen Hotelzimmer.

Praktische Hinweise

Information

Golden Gate Highlands National Park, Tel. 058/255 10 00, zentrale Reservierung: Tel. 012/428 91 11, www.sanparks.org/parks/golden_gate

54 Lesotho

Ursprüngliche Bergwelt mit König.

Lesotho ist ein von der Republik Südafrika umschlossenes Königreich von rund 30 000 km² Größe. Das *Maluti-Gebirgsmassiv* beherrscht das ›Dach des südlichen Afrika‹, es nimmt dabei etwa drei Viertel der Landfläche Lesothos ein. Der *Thabana Ntlenyana* ist mit 3482 m der höchste Gipfel im südlichen Afrika. Und selbst der tiefste Punkt Lesothos liegt mehr als 1000 m über dem Meeresspiegel.

Lesotho

Lesothos **Geschichte** beginnt im frühen 18. Jh. Die umliegenden Regionen waren damals Schauplätze mehrerer Kriege der Zulus und Matabele. Die Überlebenden wurden schließlich 1866 von dem Häuptling *Moshoeshoe* in das Königreich der *Basuto* integriert. Im Jahre 1868 kam die britische Krone dem Wunsch Moshoeshoes nach einer Eingliederung des Königreiches in das Empire nach, und seit 1871 bildete Basutoland einen Teil der britischen Kapkolonie. Anlässlich der Gründung der Südafrikanischen Union 1910 erhielt Basutoland den Status einer eigenständigen Kolonie, aus dem es 1966 von Großbritannien in die Unabhängigkeit entlassen wurde. Heute hat Lesotho 1,8 Mio. Einwohner, die überwiegend Sesotho sprechen. Der Name Lesotho bedeutet Land der Sesothosprechenden Menschen.

Im äußersten Westen des Königreiches, nahe einem der zwölf Grenzübergänge nach Südafrika, liegt die Hauptstadt **Maseru**. Sie ist eine moderne Stadt mit luxuriösen Hotels und dem Palast des Königs Letsie III. Maseru besitzt eine Reihe von Geschäften, in denen *Kunsthandwerk* der Basuto angeboten wird. Beliebte Mitbringsel sind geflochtene Basuto-Hüte, Wandbehänge aus Wolle und Mohair sowie Leder- und Schmuckarbeiten. Vom Lesotho Sun Mountain Kingdom Hotel (s. u.) aus lohnt ein Spaziergang zu einem Plateau, das einen schönen Ausblick über die Stadt gestattet.

Außerhalb Maserus fasziniert Lesotho durch seine grandiosen *Berglandschaften*, schneebedeckten Gipfel, reißenden Flüsse und gewaltigen Wasserfälle. Bei Einheimischen wie Touristen sehr beliebt ist es, ein Pferd als Fortbewegungsmittel zu benutzen – die Tiere sind übrigens Nachfahren einer Rasse, die einst aus Indonesien eingeführt wurde. Forellenangeln in Gebirgsbächen, Vogelbeobachtung und Fossiliensuche – Dinosaurierspuren finden sich unweit Maserus – sind weitere Attraktionen. Im Winter, also im Juni und Juli, ist in einigen Gegenden Ski laufen möglich. Auch in Lesotho haben die San haben großartige *Felsmalereien* hinterlassen, deren eindruckvollste sich in der **Ha-Baroana-Höhle** rund 46 km östlich von Maseru befinden.

Praktische Hinweise

Landesvorwahl Lesotho

00266

Information

Tourist Office Maseru, Tel. 00266/22312427, www.seelesotho.com

Einreise und Währung

Ein Visum ist für die Einreise nicht erforderlich, nötig ist nur ein Reisepass, der noch mindestens sechs Monate gültig ist (D, A, CH). Ein häufig benutzter **Grenzübergang** ist der von *Maseru Bridge* bei Ladybrand im Freistaat (6–22 Uhr). Will man mit dem *Mietwagen* von Südafrika nach Lesotho einreisen, sollte man vorher mit der Verleihfirma Rücksprache halten. **Landeswährung** ist der Loti (LSL, Mehrzahl: Maloti), dessen Wert dem des südafrikanischen Rand entspricht. Der Rand ist gleichberechtigtes Zahlungsmittel.

Hotels

******Lesotho Sun Muntain Kingdom**, Hilton Hill Road, Maseru, Tel. 00266/2224 30 00. www.suninternational.com. Luxuriös und zentral gelegen.

******Maseru Sun**, südwestlich der Kingsway Road, Maseru, Tel. 00266/22312434, www.suninternational.com. Luxushotel in der Nähe des Caledon-Flusses.

Lancer's Inn, Kingsway Road, Maseru, Tel. 00266/22312114, www.lancersinn.co.ls. Zimmer sowie Chalets für Selbstversorger mit britischem Kolonialambiente.

Restaurants

Rendezvous, im Hotel Lancer's Inn, Kingsway Road, Maseru, Tel. 00266/22312114. Ein Hauch vergangener Kolonialzeiten.

›Mokorotlo‹ – die typischen kegelförmigen Hüte der Basuto sind als Souvenir beliebt

Gauteng – Metropolen voller Kontraste

Gauteng ist ein Sotho-Wort und bedeutet ›Platz des Goldes‹ – ein Hinweis auf die historische Bedeutung dieser Region als eine der einstmals größten Goldlagerstätten der Erde. Als flächenmäßig kleinste Provinz des Landes verzeichnet Gauteng zugleich die bei weitem größte Bevölkerungsdichte. Durch Landflucht entsteht hier eine gigantische Megalopolis, deren beiden Pole **Johannesburg** und **Pretoria/Tshwane** sind. Landschaftlich bietet die Provinz wenig, dafür präsentiert sich das urbane Leben umso schillernder und vielfältiger. Zu den Attraktionen zählen neben zahlreichen sehenswerten **Museen** und **Galerien** vor allem die **Flohmärkte**.

55 Johannesburg

Das wirtschaftliche Herz Südafrikas besticht durch seine schrillen Widersprüche.

Johannesburg – oder kurz *Jo'burg* – heißt in den Nguni-Sprachen *eGoli*, ›Ort des Goldes‹. Mit seinen 3,8 Mio. Einwohnern ist es die größte Stadt Südafrikas. Wie in den anderen Großstädten des Landes gilt es, wachsam zu bleiben: Bei Nacht sollte man die Innenstadt generell meiden, in einigen Stadtteilen wie Hillbrow und auch im Zentrum ist größte Vorsicht angebracht. Informieren Sie sich vor Ausflügen in die Stadt in Ihrem Hotel über die Gegenden, die Sie besuchen möchten!

Geschichte   Es war im Jahre 1886, als der australische Goldsucher *George Harrison* auf der Farm Langlaagte am Fuße der sanft ansteigenden Witwatersrand-Berge auf Spuren von Gold stieß. Wenig später stellte sich heraus, dass er die reichsten **Goldfelder** der Erde entdeckt hatte. In kurzer Zeit entstand aus ein paar Zelten und Bruchbuden eine erste Siedlung, die Schürfer aus aller Welt anzog. Im Juli 1886 lebten bereits 2500 Menschen am ›Rand‹. Sehr zum Verdruss der puritanisch-calvinistischen Burenregierung Transvaals im 60 km nördlich gelegenen Pretoria wucherte nun vor ihren Augen eine Stadt, deren einzige Existenzberechtigung aus Gold, Glücksspiel, Alkohol und Prostitution zu bestehen schien. Für den echten Buren sollte Johannesburg immer das Sündenbabel schlechthin bleiben, der Ort des Lasters und der ungeliebten Fremden, der ›uitlander‹. Die Goldvorkommen am ›Rand‹ lagerten dergestalt, dass private Schürfer ohne Kapitalausstattung bald nicht mehr profitabel arbeiten konnten, da Investitionen

Die Metropole Johannesburg ist immer noch eine Großstadt der Gegensätze

in tiefe Schächte, technische Ausrüstung und Fachpersonal erforderlich wurden.

Nun schlug die Stunde der **Randlords**, jener im Wortsinn steinreichen Kapitalisten von den Diamantenminen in Kimberley, einige Hundert Kilometer von Johannesburg entfernt. *Wernher Beit*, *Hermann Eckstein* und *Barney Barnato* – diese und andere heute legendäre Namen symbolisierten die neue Finanzmacht der Uitlander im Reich der Buren, die schon bald in **Konflikt** mit der politischen Macht in Pretoria geraten sollte. Diese versuchte durch eine kleinkarierte Genehmigungspolitik den Einfluss des großen Geldes zu begrenzen, gleich ob es sich um die Vergabe von Claims, die Einrichtung sanitärer Anlagen, die Abgabe von Dynamit oder die Frage des Wahlrechts handelte. Erst die Niederlage der Buren im Anglo-Buren-Krieg 1902 löste diesen Konflikt, und es begann Johannesburgs Aufstieg zur Industrie- und Finanzmetropole des Landes. Nachdem 1910 die Südafrikanische Union ausgerufen worden war, installierte die Regierung eine Rassenpolitik. Fortan duften keine Schwarzen nach Johannesburg ziehen. Stattdessen lebten sie in Townships, armen Siedlungen am Rand der Stadt. Ein Zusammenschluss dieser Townships hieß Soweto. Dort kam es 1976 zu einem Schüleraufstand gegen das

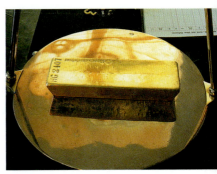

Goldbarren bei der Feinwaage: Südafrika ist der weltweit wichtigste Goldproduzent

Apartheidsregime, der blutig niedergeschlagen wurde. Seit 2002 ist Soweto offizieller Teil der Metrolpolgemeinde City of Johannesburg.

Besichtigung Als Ausgangspunkt für eine Tour durch die Stadt eignet sich bestens das im Zentrum gelegene Shopping-Paradies **Carlton Centre** ❶ (152 Commissioner Street). Mit seinen 220 m ist der 1973 erbaute Wolkenkratzer nach wie vor das höchste Gebäude Afrikas. In seiner 50. Etage befindet sich der Aussichtspunkt **Top of Africa** (Tel. 011/308 13 31,

Jo'burg heute – ein Neuanfang?

Es geht aufwärts mit Johannesburg. Lange Zeit galt die Stadt als einer der gefährlichsten Orte der Welt. Sie weist auch heute noch eine hohe Kriminalität auf, die zu besonderer Vorsicht rät [s. S. 130], aber es gibt einige viel versprechende Tendenzen. So kehrt allmählich das Geschäftsleben und mit ihm auch die Sicherheit in die Innenstadt zurück.

Nordwestlich vom Zentrum hat sich **Melville** zu einem neuen In-Bezirk entwickelt. Mit seinen Restaurants, Bars und Cafés lockt es ein überwiegend junges Publikum, darunter Studenten von der nahe gelegenen Universität. Großer Beliebtheit erfreut sich z. B. das Café-Restaurant *Cool Runnings* [s. S. 120] mit jamaikanisch inspirierten Cocktails und Speisen.

Für viele positive Impulse sorgte auch die **Fußballweltmeisterschaft 2010**. Im Johannesburger **Soccer City–Stadium** (früher FNB-Stadium), das vollständig umgebaut und von 80 000 auf knapp 95 000 Plätze erweitert wurde, war das WM-Finale zu sehen. Das Stadion liegt im Südwesten der Stadt in der Nähe von Soweto und ist das größte Stadion Südafrikas. Auch das zweite Stadion Johannesburgs, das **Ellis Park Stadium**, wird modernisiert. Es liegt in Doornfontein, im Osten der Stadt und diente als Austragungsort für eines der Viertelfinalspiele.

Für die Fußball-WM wurde der **Gautrain**, eine ca. 80 km lange Schnellbahntrasse mit insgesamt zehn Stationen zwischen Pretoria/Tshwane und Johannesburg gebaut. Benannt nach der Provinz Gauteng, stellt der Zug eine moderne Verbindung zwischen dem O.R. Tambo International Airport bei Johannesburg und der Landeshauptstadt her (www.gautrain.co.za).

tgl. 9–17 Uhr), von dem aus man einen sehr guten Blick über Johannesburg hat. Man erreicht diesen Gipfel Afrikas bequem per Lift.

Macht und Reichtum der Diamantenindustrie strahlt das von *Helmut Jahn* entworfene **Diamond Building** ❷ (1972) im Westen der City aus. Die Architektur des total spiegelverglasten Bauwerks erinnert an einen gespaltenen Diamanten.

Einige Blocks entfernt lockt der **Market Theatre Complex** ❸ (56 Margaret Mcingana Street, Tel. 011/832 16 41, www.markettheatre.co.za) mit gleich drei Theatern, in denen politisches Theater, aber auch populäre Musicals dargeboten werden. Der Kulturkomplex ist in den einstigen Markthallen untergebracht, die in den 1970er-Jahren vor dem Abriss bewahrt werden konnten. Nach dem Theaterbe-

Openair-Fundgrube im Zentrum Johannesburgs: Flohmarkt am Market Theatre Square

55 Johannesburg

such bieten sich einige Bars und Restaurants zum Verweilen an.

Die Menschheitsgeschichte im südlichen Afrika von der Frühzeit bis heute thematisiert das im selben Komplex beheimatete **Museum Africa** ❹ (121 Bree Street, Tel. 011/833 56 24, Di–So 9–17 Uhr). Die Dauerausstellung konzentriert sich auf Johannesburg und seine Rolle in der komplexen Geschichte Südafrikas. In anderen Abteilungen kann man sich über Felsmalereien der San, *Squatter Camps* (slumähnliche Siedlungen) und *Shebeens* (Bierkneipen der Schwarzen) informieren. Im 4. Stock präsentiert das *Bensusan Museum of Photography* eine Spezialsammlung, in der sich alles um Fotografie dreht. Hier findet man auch Schnappschüsse aus Johannesburgs Goldgräbertagen.

Auf dem Gelände der *University of the Witwatersrand* lohnt die **Wits Art Museum** ❺ (Jorissen Street, Tel. 011/717 13 65, www.wits.ac.za, Mi–So 10–16 Uhr) einen Besuch. Es beherbergt eine wichtige Sammlung zeitgenössicher und histori-

Südafrikanische Kunst in der Johannesburg Art Gallery: Holzplastik ›The Crucifix‹ von Jackson Hlungwane

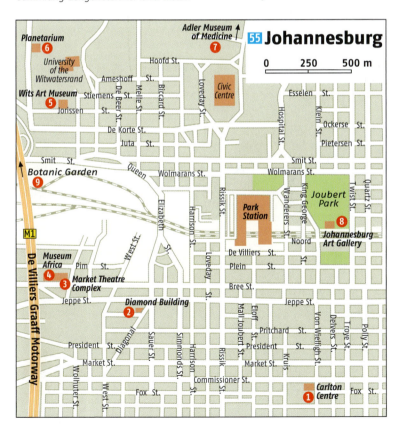

Jahrmarkt der Goldgräberzeit: im quirligen Erlebnismuseum Gold Reef City

scher afrikanischer Kunst. Zu den über 9000 Werken zählen Schmuckstücke, Skulpturen, Gemälde, Fotografien und Kleidungsstücke. In der zum Museum gehörenden *Gertrude Posel Gallery* werden zudem experimentelle Wechselausstellungen gezeigt.

Auf dem Universitätsgelände befindet sich auch ein **Planetarium** 6 (Yale Road, Entrance 10, Tel. 011/717 13 90, www.planetarium.co.za, Shows Fr 20 Uhr), von dem aus man nach der *The Sky Tonight*-Show das Weltall von der südlichen Halbkugel aus betrachten kann.

Ein anderes themenorientiertes Museum ist das **Adler Museum of Medicine** 7 (7 York Road, Tel. 011/717 20 81, Mo–Fr 9.30–16 Uhr) im Stadtteil Hillbrow. Es gibt einen Überblick über die Medizingeschichte aus dem Blickwinkel Südafrikas. Neben historischen Geräten der westlichen Schulmedizin findet sich hier auch eine eindrucksvolle Kollektion traditioneller afrikanischer Naturheilmittel.

Die im *Joubert Park* angesiedelte **Johannesburg Art Gallery** 8 (Tel. 011/725 31 30, Di–So 10–17 Uhr) zeigt in einer umfangreichen Sammlung internationaler Malerei und Plastik u. a. Werke von Pablo Picasso, Vincent van Gogh, Henry Moore und Auguste Rodin.

Wer von Kultur und vom Shoppen, vom Stöbern und Staunen genug hat, findet in dem recht zentral gelegenen **Botanic Garden** 9 (Thomas Bowler Street, Tel. 011/782 70 64, Mo–Fr 8–18 Uhr, Führungen nach Voranmeldung auch Sa/So) Gelegenheit zur Entspannung. Neben interessanten Gewürz-, Medizin- und Lehrgärten kann man hier einen der größten Rosengärten der Welt bewundern.

Ausflüge

Eine besondere Attraktion von Johannesburg liegt etwa 6 km südlich der City, abseits der Fernstraße N 1 in Richtung Bloemfontein. Womöglich trifft **Gold Reef City** (Tel. 011/248 68 00, www.goldreefcity.co.za, tgl. 9.30–17 Uhr, in der Nebensaison Mo/Di geschl.) nicht jedermanns Geschmack, doch vermittelt der Mix aus *Disneyland* und *Freilichtmuseum* dem auswärtigen Besucher einen bleibenden Eindruck vom Leben in Johannesburg während des Goldbooms um die Wende vom 19. zum 20. Jh. Ein Casino, nachgebaute Pubs und Restaurants, eine Brauerei, eine Goldschmiede und eine Minenschachtanlage geben ebenso Einblicke in vergangene Tage wie die Vorführungen von *Stammestänzen*.

Einen Kontrast zum Themenpark bildet das nahe gelegene, eindrucksvolle **Apartheid Museum** (Northern Parkway und Gold Reef Road, Tel. 011/309 47 00, www.apartheidmuseum.org, Di–So 9–17 Uhr). Zunächst wird man per Eintrittskarte als *weiß* oder *nichtweiß* identifiziert. Im Museum kann man sich dann in ein gepanzertes Transportfahrzeug der Polizei setzen und dort historisches Filmmaterial ansehen, das bei Streifenfahrten durch Townships aufgenommen wurde. Überwiegend audiovisuell, aber auch anhand historischer Exponate wird dem Besucher dieses dunkle

Kapitel der südafrikanischen Geschichte präsentiert. Vom Museumsdach hängen 121 Schlingen herab. Sie sollen an die 121 politischen Häftlinge erinnern, die während der Apartheid hingerichtet wurden.

Johannesburg ist auch Ausgangspunkt für Ausflüge in die Umgebung, die man aus Sicherheitsgründen nur im Rahmen von Touren unternehmen sollte (Infos: Tel. 011/315 15 34, www.soweto.co.za). So lässt sich streiten über Sinn und Zweck einer Besichtigungstour in die Zwei-Millionen-Stadt **Soweto**. Ursprünglich wurden die Townships als Wohnquartiere für die Minenarbeiter eingerichtet. 1923 wurden sie durch das Gesetz *Natives Urban Areas Act* zum Ghetto für die schwarze Bevölkerung von Johannesburg. 1963 hat man die **So**u**th We**stern **To**wnships (darunter Diepkloof, Dube, Moroka, Orlando und Pimville) unter dem Namen Soweto zusammengefasst. Im Ortsteil Orlando lebte zeitweise auch Nelson Mandela. 1990 wurden die regulierenden Zuzugsbedingungen für Schwarze abgeschafft. Heute ist Soweto ein Stadtteil von Johannesburg.

Nahezu einzigartig auf der Welt ist die Möglichkeit, eine tätige Goldmine zu besuchen. Vermittelt wird die Besichtigung von der mächtigen **Chamber of Mines** (Tel. 011/498 71 00, www.bullion.org.za, Mo–Fr 8–16.30 Uhr). Diese ganztägige Exkursion ist zwar nicht eben billig, sie umfasst meist eine längere Bustour, die Fahrt unter Tage bis weit unter 1000 m, Erfrischungen sowie einen ausgiebigen Lunch im Casino der jeweiligen Minenleitung. Kinder sind nicht zugelassen.

Pferdeliebhaber zieht es zum **Lipizzaner Centre** (1 Dahlia Road, Tel. 011/702 21 03, www.lipizzaners.co.za, Shows So 10.30 Uhr) nahe der berühmten Formel-1-Rennstrecke von *Kyalami* nördlich Johannesburgs. Die aus dem slowenischen Lipica stammenden Rassepferde wurden 1948 von einem ungarischen Adligen hier

Floh- und andere Märkte

Johannesburg verfügt über eine Vielzahl an Märkten und Flohmärkten, die über das ganze Stadtgebiet verstreut sind. Im Osten, in Bruma, lädt die **Bruma Market World** (Bruma Lake, Di–So 9.30–17 Uhr) zum Bummeln und Stöbern zwischen mehr als 600 Verkaufsständen ein, die alles bieten, was die südafrikanische Wirtschaft hervorbringt. Unterhaltsame Kleinkunstdarbietungen auf Bühne und Straße runden das Programm ab.

Im nördlichen Vorort Bryanston, heute zu Sandton gehörig, befindet sich der **Bryanston Organic Market** (Culross Road, Tel. 011/706 36 71, www.bryanstonorganicmarket.co.za, Do und Sa 9–15 Uhr, gelegentlich Mondscheinmarkt Di 17–21 Uhr), ein bunter Umschlagplatz vor allem für Bioprodukte. Live-Aufführungen klassischer Musik und Folklore-Shows bilden den Rahmen für den lebhaften Handel mit Kunsthandwerk, getrockneten Blumen und handgearbeitetem Schmuck.

Im südwestlichen Stadtteil Fordsburg präsentiert sich der indische Bevölkerungsteil Johannesburgs auf der **Oriental Plaza** (Tel. 011/838 67 52, www.orientalplaza.co.za, Mo–Fr 8–17, Sa 8.30–14.30 Uhr). Hier gibt es in asiatischer Atmosphäre vor allem Stoffe,

Shopping-Eldorado am Bruma Lake – die Bruma Market World lässt kaum Wünsche offen

Kleidung, Obst und die ganze Palette indischer Gewürzkostbarkeiten. Der Markt entstand übrigens, als die indische Gemeinde Johannesburgs aufgrund der Apartheidgesetze ihre alten Wohngebiete räumen und sich in Fordsburg neu ansiedeln musste.

Im Südosten der Stadt liegt **Multiflora** (Tel. 011/613 40 11, www.multiflora.co.za, Mo–Fr 8–16.30, Sa 8–14.30, So 9–13 Uhr), der riesige Blumenmarkt Johannesburgs. Ob seltene Orchideen oder die traditionelle Protea: Hier blüht die südafrikanische Schnittblumenindustrie.

Johannesburg

eingeführt. Er brachte sie über Bayern und England nach Südafrika, wo sie von einem ehem. polnischen Kavallerieoffizier trainiert wurden. Ein besonderes Erlebnis sind die sonntäglichen Vorführungen mit den Lipizzanern.

TOP TIPP Rund 30 km nordwestlich von Johannesburg unweit der Stadt Krugersdorp lädt die **Cradle of Humankind** (Wiege der Menschheit, Tel. 011/577 90 00, www.maropeng.co.za, tgl. 9–16 Uhr) zu einer Expedition in die Zeit unserer entferntesten Vorfahren ein. Rund 2 Mio. Jahre alt sind die ältesten Knochenreste von Prähominiden, die hier gefunden wurden. Zunächst erhält man bei einer Ausstellung im Maropeng Visitor Centre anhand von Modellen archäologisches und geologisches Basiswissen. Anschließend wird man zu den Ausgrabungsstellen der steinzeitliche Siedlungsreste hinabgeführt und kann dort sein Wissen anwenden. 1999 wurde das Höhlensystem der Sterkfontein Caves mit seinen Ausgrabungen zum UNESCO Weltkulturerbe erklärt.

i Praktische Hinweise

Information

Johannesburg City Information, Tel. 0860 56 28 74, www.joburg.org.za

Gauteng Tourism Authority, 124 Main Street, Johannesburg, Tel. 011/085 25 00, www.gauteng.net

Johannesburg Tourism Company, 195 Jan Smuts Avenue, Parktown North, Johannesburg, Tel. 011/214 07 00, www.joburgtourism.com

Soweto: größte für Schwarze eingerichtete Wohnstadt bei Johannesburg

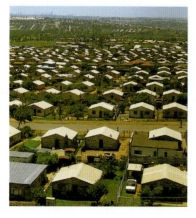

Flughafen

O R Tambo International Airport (ORTIA), Tel. 011/921 62 62, Fluginfo: Tel. 086/727 78 88, www.acsa.co.za

Hotels

*******InterContinental Sandton Sun & Towers**, Fifth Street/Alice Street, Sandton, Johannesburg, Tel. 011/780 50 00, www.southernsun.com. Modernes Luxushotel im Norden der Stadt.

******10 2nd Avenue,** 10 2nd Avenue, Houghton Estate, Johannesburg, Tel. 011/853 24 00, www.houghtonestate.com. Herrliche Villa mit Tennisplatz und Pool mit Cocktailbar.

******Sandton Lodge**, 66 6th Avenue, Inanda, Sandton, Tel. 011/788/41 69, www.sandtonlodge.co.za. Ruhig im Stadtteil Inanda gelegen, ein herrlicher Garten mit Pool sorgt für Entspannung.

*****City Lodge,** OR Tambo International Airport, 4 Sandvale Road, Edenvale, Tel. 011/552 76 00, www.citylodge.co.za. Komfortable und freundliche Unterkunft.

La Bougain Villa, 6 Smits Road, Dunkeld West, Johannesburg, Tel. 011/447 34 04, www.labougainvilla.co.za. Hübsches Haus in einem gepflegten Vorort, mit schönem Garten und gepflegten Pool.

Restaurants

Cube Tasting Kitchen, 17 4th Avenue, Parktown North, Johannesburg, Tel. 082/422 81 58, www.cubekitchen.co.za. Bis zu 14 Gänge darf man in diesem Feinschmeckerlokal mit selbst mitgebrachtem Wein verkosten. Reservierung dringend notwendig!

TOP TIPP **Moyo at Zoo Lake**, Zoo Lake Park 1 Parkview, Johannesburg, Tel. 011/646 00 58, www.moyo.co.za. Dieses Restaurant ist ein Ereignis, reiche Auswahl an Speisen aus vielen Ländern Afrikas. Hier kann man sein Gesicht bemalen lassen, das Trommeln erlernen und sich am traditionellen Gumboot Dance versuchen.

Piccolo Mondo, The Michelangelo Hotel, 135 West Street, Nelson Mandela Square, Sandton, Johannesburg, Tel. 011/282 74 63, www.piccolo.co.za. Das Restaurant im 5-Sterne-Luxushotel The Michelangelo ist eine kulinarische Welt im Kleinen. Afrikanische Küche, vor allem Fisch und Gegrilltes, trifft auf mediterranes Flair. Hervorragende Weinkarte.

Im Frühjahr blühen in Pretoria/Tshwane zigtausende Jacarandabäume

The Local Grill, 40 7th Avenue, Johannesburg, Tel. 011/880 1946, www.localgrill.co.za. Steakhouse, spezialisiert auf Rind, aber auch reiche Auswahl an Fisch.

56 Pretoria/Tshwane

Lebendige Kapitale.

Früher hieß die Hauptstadt Südafrikas Pretoria, 2005 wurde die Umbenennung in Tshwane beschlossen. Die Umbenennung ist allerdings noch immer nicht rechtskräftig, und in Politik und Medien wird leidenschaftlich um den Namen der Stadt gerungen. Heute leben hier rund 3 Mio. Menschen. Die Stadt zeichnet sich mit seinem leicht tropischen Klima im Vergleich zu Johannesburg durch eine gelöste Atmosphäre aus. Im Frühlingsmonat Oktober erblüht Pretoria/Tshwane in der Farbenpracht unzähliger violetter Jacarandabäume, die der Metropole den Namen **Jacaranda City** eingetragen haben. Auch dank seiner herrlichen Alleen vermittelt Pretoria/Tshwane den Eindruck einer grünen Stadt, allerdings mangelt es im Zentrum an Parkanlagen.

Geschichte Tshwane (›Wir sind gleich‹) wurde die Stadt auch schon vor ihrer seit 2005 geplanten Umbenennung von den sotho-sprechenden Schwarzen genannt, ihren früheren Namen Pretoria verdankte sie dem Präsidenten *Martinus W. Pretorius*, der damit seinen Vater Andries Pretorius ehren wollte. 1855 an den Ufern des Apies River gegründet, blickt die Stadt auf eine völlig andere Vergangenheit zurück als das nahe gelegene Johannesburg. War Jo'burg immer Minen- und Finanzmetropole, genoss Pretoria/Tshwane früh den Ruf eines Landwirtschaftszentrums, später dann auch den einer ›Stadt der Bürokraten‹.

Zwischen 1860 und 1902 war sie Regierungssitz der Zuid-Afrikaanschen Republiek, rechtwinklig und planmäßig mit breiten Straßen angelegt. 1910 wurde Pretoria Hauptstadt der neu gegründeten Südafrikanischen Union, 1961 wurde sie Kapitale der Republik. Am 10. Mai 1994 schließlich waren die hoch über der Stadt liegenden *Union Buildings* im Nordosten des Zentrums Schauplatz der Vereidigung Nelson Mandelas zum ersten schwarzen Präsidenten des Landes.

Pretoria/Tshwane ist heute Sitz mehrerer Hochschulen, darunter der University of South Africa, einer der größten Fernuniversitäten der Welt. Bereits zu Apartheidzeiten waren hier Tausende schwarzer Studenten aus dem ganzen südlichen Afrika eingeschrieben – auch Mandela erwarb hier einen akademischen Grad.

Besichtigung Ein guter Ausgangspunkt für die Erkundung der Innenstadt ist der **Church Square** ❶. Seit über 130 Jahren bildet dieser Platz den Mittelpunkt des alten, ›weißen‹ Pretoria/Tshwane, und ist gesäumt von mehreren repräsentativen

Pretoria/Tshwane

Gebäuden wie dem *Ou Raadsaal* – ehemals Parlamentsgebäude –, dem *Palace of Justice* sowie der alten *Staatsbank* und der *Münze*. An der Westseite des Platzes befindet sich übrigens die *Hauptpost*. Dominiert wird der große Church Square von einer *Bronzeskulptur Paul Krügers*, die 1899 in Rom gegossen wurde. Das Denkmal ist eine Stiftung des aus Litauen stammenden Industriellen und Finanziers *Sammy Marks*, der sich damit gegenüber Krüger für die Erlaubnis zur Errichtung der ersten Synagoge Pretoria/Tshwanes erkenntlich zeigte.

Den Church Square erschließt die von West nach Ost führende, 20 km lange **Church Street**. Sie ist eine der längsten Hauptstadtstraßen der Welt ist. Östlich des Platzes wurde sie in eine *Fußgängerzone* umgewandelt, was zu einer wohltuenden Belebung des Geschäftsviertels um den Church Square geführt hat. Westlich vom Platz erinnert das **Kruger House Museum** ❷ (60 Church Street, Tel. 012/000 0010, www.ditsong.org.za/kruger.htm, Mo–Fr 8.30–16.30, Sa/So 9–16.30 Uhr) an die Jahre von 1884 bis 1901, als Paul Krüger hier residierte. Geschenke an den einstigen Präsidenten gehören ebenso zu den Exponaten wie das originale Interieur.

Freunde südafrikanischer Landschaftsmalerei kommen wenige Meter östlich des Church Square im **Pierneef Museum** ❸ (218 Vermeulen Street, Tel. 012/323 14 19, Mo–Fr 8.30–16 Uhr) auf ihre Kosten. Der niederländisch-südafrikanische Künstler *Jacob Hendrik Pierneef* (1904–1957) gilt als ein bedeutender Vertreter dieses Genres in seinem Land.

Weiter südlich zeigt das **Transvaal Museum of Natural History** ❹ (Paul Kruger Street zwischen Visagie Street und Minnaar Street, Tel. 012/322 76 32, www.ditsong.org.za/naturalhistory.htm, tgl. 8–16 Uhr) eine hervorragende naturkundliche Sammlung mit Fossilien, Modellen und großen Walskeletten, hinzu kommen interessante archäologische Funde. Das angrenzende **Geological Survey Museum** ❺ (Tel. 012/322 76 32, tgl. 8–16 Uhr) fasziniert durch seine Präsentation erlesener Edel- und Halbedelsteine.

Ein prächtiges Beispiel viktorianischer Architektur ist das **Melrose House Museum** ❻ (274 Jacob Maré Street, Tel. 012/322 04 20, www.melrosehouse.co.za, Di–So 10–17 Uhr), das zum Nationaldenkmal erklärt wurde. Hier fand 1902 die Unterzeichnung des *Friedens von Vereeniging* statt, der den Anglo-Buren-Krieg beendete. Die eindrucksvolle Möblierung reflektiert das bürgerliche Ambiente der Epoche. Dem Museum gegenüber erstreckt sich der **Burgers Park** ❼, eine willkommene grüne Lunge der Stadt mit wuchtigen alten Palmen.

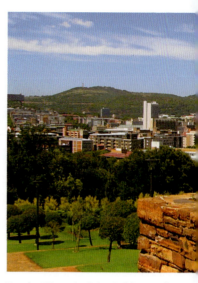

Von den Gärten der Union Buildings eröffnet sich ein herrlicher Blick über Tshwane

Auf dem Weg zu den Union Buildings lohnt ein Abstecher zum **Sammy Marks Square** ❽ (Tel. 012/323 99 29). In der für das moderne Südafrika so typischen Shopping Mall mit Boutiquen, Souvenirläden und Geschäften aller Art bieten sich gute Einkaufsmöglichkeiten.

Undenkbar wäre Pretoria/Tshwane ohne den anmutig wirkenden Komplex der **Union Buildings** ❾, der sich als Regierungssitz über dem Stadtzentrum erhebt und trotz der Banken- und Versicherungstürme der City weithin sichtbar ist. Die aus hellem Sandstein errichteten Gebäude wurden 1913 vollendet und gelten als architektonische Meisterleistung ihres Schöpfers *Sir Herbert Baker*. Inspiriert von griechischen und römischen Tempeln, umschließt der lang gestreckte Komplex zwei *Türme*, die durch einen geschwungenen Säulengang miteinander verbunden sind. Angeblich sollen die beiden Türme das afrikaanse und britische Bevölkerungselement des Landes symbolisieren – für die schwarze Mehrheit stand damals offenbar noch kein Symbol zur Verfügung. Obwohl die Gebäude selbst für den Besucher nicht zugänglich sind, lohnt eine Fahrt hinauf

56 Pretoria/Tshwane

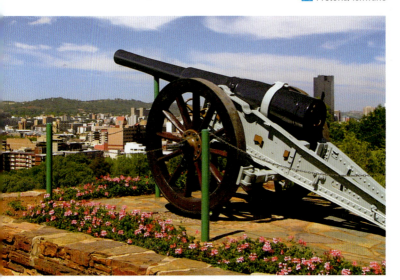

zu ihnen allemal. Oberhalb terrassenartig angelegter *Gärten*, die sanft zur Stadt hin abfallen, genießt man einen einmaligen *Blick* über Pretoria/Tshwane.

Ebenfalls am Rand der City, im Arcadia Park, liegt das **Pretoria Art Museum** ❿ (Schoeman Street/Wessels Street, Tel. 012/344 18 07, Di–So 10–17 Uhr, www.pretoriaartmuseum.co.za), das neben einer Sammlung von Niederländern des 17. Jh. und internationaler Grafik vor allem mit den Entwicklungen und Strömungen der südafrikanischen Kunst beschäftigt, und Arbeiten von Künstlern wie *Jacob Hendrik Pierneef* und *Irma Stern* zeigt.

Ein Stück weiter östlich im aufstrebenden Stadtteil Hatfield lädt das **Claude V Malan Museum** ⓫ (160 Lynwood Road, Tel. 012/362 06 54, Mo–Fr 9–17, Sa 9–13 Uhr) mit seiner kurios-ehrwürdigen Sammlung von Militaria, Schmuck, Porzellan und Büchern zum Stöbern ein. Ein Antiquitätengeschäft, ein Restaurant und eine Bar runden das Angebot ab.

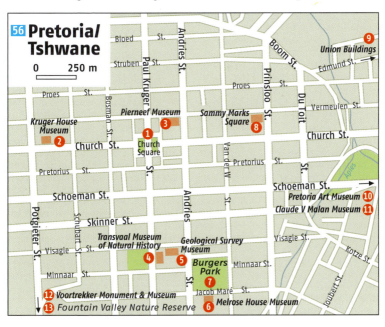

Viktorianisches Juwel in zierlichem Rosa: Melrose House in Pretoria/Tshwane

Von ganz anderem architektonischen Zuschnitt als die Union Buildings – und übrigens von dort am Horizont deutlich auszumachen – ist das **Voortrekker Monument & Museum** ⑫ (Eeufees Road, Tel. 012/326 6770, www.vtm.org.za, Mai–Aug. tgl. 8–17, Sept.–April tgl. 8–18 Uhr). Der massive, 41 m hohe Granitblock wurde von *Gerard Moerdijk* konzipiert. 1938 wurde das Voortrekker Monument aus Anlass der Gedächtnisfeiern für den Großen Trek der Buren im 19. Jh. eingeweiht. Über rund 160 Stufen gelangt man hinauf zur *Kuppel*, von der sich ein herrlicher Panoramablick eröffnet. Im Untergeschoss des Monuments befindet sich ein *Gedenkstein* aus poliertem Granit, der an die Entscheidungsschlacht der Buren gegen die Zulus am Blood River am 16. Dezember 1838 erinnert [s. S. 81]. Alljährlich an diesem Tag fallen die Sonnenstrahlen durch eine genau berechnete Spalte des düsteren Gemäuers exakt auf diesen Stein. Einst als staatliches Symbol weißer Vormacht über die Schwarzen gedacht, stellte das Voortrekker Monument für die Regierung Nelson Mandelas eine Peinlichkeit dar, der man sich durch die Privatisierung des Denkmalgeländes zu entledigen versuchte. Heute ist es ein Museum.

Unweit des Granitkolosses, im Süden der Stadt, bietet das **Fountain Valley Nature Reserve** ⑬ (Tel. 013/253 15 34, Reservierung: Tel. 011/396 23 91, tgl. 7–19 Uhr) Gelegenheit zur Entspannung in schöner Natur. Für Unterhaltung sorgen ein Restaurant, ein Schwimmbad sowie ein Openairtheater.

Ausflüge

Von Pretoria/Tshwane aus lassen sich einige schöne Fahrten in die Umgebung unternehmen. Etwa 50 km westlich der Stadt bietet die bergige **Magaliesberg Range** mit dem **Hartbeespoort Dam** (www.hartbeespoortonline.co.za) die Möglichkeit, sich an allen erdenklichen Wassersportarten auszuprobieren (ohne Bilharzia-Gefahr, s. S. 131).

TOP TIPP Gut 40 km östlich von Pretoria/Tshwane liegt die **Premier Diamond Mine** (Tourreservierung: Tel. 012/734 02 60, www.africa-adventure.org/c/cullinantours) Die vierstündige Underground-Tour ins Bergwerk startet Mo und Fr 10.30, Di–Do 9.30 und Sa 8 Uhr (ab 16 Jahre), die zweistündigen Surface-Touren auf dem Minen-Gelände findet tgl. um 10, 12 und 14 Uhr statt (ab 10 Jahre). Die auch heute noch tätige Mine hat einige der weltgrößten Diamanten freigegeben, etwa den 1905 entdeckten ›Cullinan‹ mit einem Gewicht von 3106 Karat und dem Umfang einer Orange. Im *Touristenzentrum* können Souvenirs und Schmuck erstanden, im früheren Clubhaus der Minenarbeiter freigelegte *Fresken*, gemalt von italienischen Kriegsgefangenen des Zweiten Weltkriegs, bewundert werden.

Ein Kleinod unter den Sehenswürdigkeiten im Großraum Pretoria/Tshwane ist das etwa 18 km östlich der Stadt versteckte **Sammy Marks Museum** (Zwartkoppies Hall, Tel. 012/755 95 42, www.ditsong.org.za/sammymarks.htm, Mo–Fr 9–17, Sa/So 9–17 Uhr). Dieses Musterbeispiel vornehmer viktorianischer Architektur diente im späten 19. Jh. als Heim des Industriellen *Sammy Marks*. Dieser war bettelarm aus Litauen eingewandert, um später als erfolgreicher Unternehmer in der Kohle-, Stahl- und Schnapsindustrie ein Vermögen anzuhäufen. Politischen und finanziellen Einfluss besaß er insbesondere auf Präsident Paul Krüger. Der ›ungekrönte König von Transvaal‹ verfügte für den Fall seines Ablebens, dass kein Detail seines Anwesens Zwartkoppies Hall verändert werden dürfe – eine *Besichtigung* ist daher nur für kleine Gruppen im Rahmen von Führungen möglich. Bei Kuchen und Kaffee lassen sich anschließend von der Veranda aus die wunderschönen Rosenbeete im weitläufigen *Garten* bestaunen.

Nachdem er lange Zeit nur der Forschung vorbehalten war, ist nun der Krater von **Tswaing** (an der M 35, Tswaing Road, Old Soutpan Road, Tel. 012/790 23 02, www.ditsong.org.za/tswaing.htm, tgl. 8–16 Uhr), 40 km nördlich von Pretoria/Tshwane, öffentlich zugänglich. Vor rund 200 000 Jahren schlug hier ein gewaltiger glühender Meteorit ein. Im Laufe der Zeit entstand an dieser Stelle eine *Salzpfanne*. Tswaing gilt in Südafrika als Prototyp für alternativen Tourismus, der sich bemüht, mit Hilfe eines *Öko-Museums* auch umwelterzieherisch zu wirken und die Belange der ortsansässigen Bevölkerung zu respektieren. Außer der Kraterformation mit ihren Salzablagerungen bietet das Areal eine schöne Naturkulisse, in der 300 Vogelarten und viele Säugetiere leben.

Praktische Hinweise

Information
Tshwane Tourism Information Centre, Old Nederlandse Bank Building, Church Square, Pretoria/Tshwane, Tel. 012/358 14 30, www.tshwane.gov.za, www.tshwanetourism.com

Hotels
***Burgers Park Hotel**, 2 Lilian Ngoyi Street, Pretoria/Tshwane, Tel. 012/322 75 00, www.burgerspark.co.za. Modernes Luxushotel im Zentrum von Pretoria/Tshwane. Freier Shuttle zur Bosman Station des Gautrain.

***Manhattan Hotel**, 247 Scheiding Street, Arcadia, Pretoria/Tshwane, Tel. 012/392 00 00, www.manhattanhotel.co.za. Modernes Haus, nah an Einkaufszentren und Sportanlagen gelegen.

The Capital House, 369 Victoria Street, Waterkloof, Pretoria/Tshwane, Tel. 012/346 03 30, www.capitalhouse.co.za. Prächtige ehemalige Residenz des irischen Botschafters, fußläufig von Pretoria/Tshwanes besten Geschäften und Restaurants.

Rozenhof Guest House, 525 Alexander St., Brooklyn, Pretoria/Tshwane, Tel. 012/460 80 75, www.rozenhof.co.za. Stilvolles Anwesen, das früher einem führenden Politiker gehörte. Französisch-hugenottische, kapholländische und englische Möbel schaffen Ambiente. Mittag- und Abendessen auf Anfrage.

Restaurants
Baobab Café & Grill, Menlyn Park Shopping Centre, Atterbury Road/Lois Avenue, Pretoria/Tshwane, Tel. 012/368 10 03, www.baobabcafe.co.za. Hübsches Restaurant mit toller Terrasse und südafrikanischer Küche.

La Madelaine, 122 Priory Road, Lynwood Ridge, Pretoria/Tshwane, Tel. 012/361 36 67, www.lamadeleine.co.za. Eines der besten französischen Restaurants im Lande.

Das weithin sichtbare Voortrekker Monument auf dem Monument Hill in Pretoria/Tshwanes

Apartheid – von Macht und Menschentrennung

Apartheid, das afrikaanse Wort für Getrenntheit, bezeichnet das System der **Rassentrennung**, das von der südafrikanischen Regierung ab 1948 mittels zahlloser Gesetze installiert und bis in die späten 1980er-Jahre aufrechterhalten wurde. Der Abbau des Apartheid-Apparates zog sich bis 1994 hin.

Frühformen dieser Rassenpolitik praktizierten bereits die Briten in ihren Kolonien am **Kap** und in **Natal**, vor allem gegenüber Schwarzen und Indern. Seit Gründung der Südafrikanischen Union im Jahre 1910 herrschte dann landesweit Rassentrennung. Doch erst nachdem die National Party der Afrikaaner (Buren) im Jahre 1948 den Wahlsieg errungen hatte, wurde die Segregation systematisch ausgebaut. Ideologisch begründet wurde sie im Calvinismus (Prädestinationslehre: Gott hat vorbestimmt, welche Menschen oder Völker auserwählt sind und welche nicht). Die Rassentrennung war eine der Maßnahmen, mit der die bisher gegenüber den Briten benachteiligten Buren ihre politische und wirtschaftliche Macht stärken wollten. In schneller Folge wurden nun weitere drückende Gesetze erlassen, die den Rassismus ausweiteten und institutionalisierten.

Zwangsumsiedlungen stellten sicher, dass Weiße, Schwarze, Farbige und Inder räumlich getrennt voneinander lebten. Mischehen waren verboten, sexuelle Beziehungen über Rassengrenzen hinweg galten als kriminelle Vergehen und wurden bestraft. Während man die Schwarzen, mit 70 % die größte Bevölkerungsgruppe, ihrer Staatsangehörigkeit und ihres Wahlrechts entkleidete, hatte die weiße Minderheit, damals etwa 20 % der Bevölkerung, die alleinige politische Macht inne.

In den 1960er-Jahren war es üblich, die **Petty Apartheid** von der Grand Apartheid zu unterscheiden. Die Kleine Apartheid betraf die strikte Trennung Weißer und Nicht-Weißer an öffentlichen Orten. Ob vor Restaurants oder Schulen, ob an Stränden oder auf Parkbänken, allenthalben standen Tafeln mit Geboten wie ›Whites Only‹ oder ›Blacks Only‹. Die **Grand Apartheid** wiederum zielte auf politische Trennung, auf die komplette Neugliederung Südafrikas dergestalt, dass ein großes weißes Siedlungsgebiet von zehn Bantustans ergänzt wurde, den **Homelands** für schwarze Stämme wie Zulu, Xhosa, Tswana, Ndebele usw. Von Regierungsseite wurde die Stammeszugehörigkeit jedes Einzelnen überprüft. Oft waren es Tausende, die durch Zwangsumsiedlung aus ihrer Lebenswelt gerissen und in Homelands verschickt wurden. Hinter diesen Maßnahmen stand die Idee, die Homelands als Nationalstaaten zu etablieren und vom weißen Südafrika loszulösen.

Derweil wurden in den weißen Siedlungsgebieten und Städten lediglich solche Nicht-Weiße geduldet, die eine offizielle Arbeitserlaubnis erlangt hatten. Hausangestellte wohnten meist auf dem Grundstück ihrer Arbeitgeber, aber alle anderen nicht-weißen Angestellten lebten in den **Townships** am Stadtrand. Jeder Arbeiter musste einen **Pass** bei sich tragen, mit einem gültigen Passierschein für den Distrikt, in dem er lebte und arbeitete. Wer außerhalb dieser Zone oder ohne gültige Papiere angetroffen wurde, dem drohten Gefängnis und Deportation.

Über das ganze Land wachte die **Geheimpolizei** und verbreitete selbst unter Weißen Angst und Schrecken. Geheimdienstler waren nicht nur damit befasst, die Systemtreue der Bevölkerung zu überprüfen und falls nötig zu erzwingen. Es galt auch der Red Danger, der Roten Gefahr, zu begegnen. Alles, was kommunistisch war oder dafür gehalten wurde, musste unterdrückt werden. Unter die Zensur fielen nicht nur politische Aktivitäten oder verdächtige Reiseziele, sondern auch Bücher, Musik, Filme oder Kunst mit vermeintlich kommunistischer Botschaft.

Opposition gegen die Apartheid gab es von Anfang an, erste traurige Berühmtheit erlangte das **Sharpeville Massacre** von 1958, bei dem 69 Demonstranten durch Polizeikräfte zu Tode kamen. Nelson Mandela [s. S. 66], Anführer des ANC (African Nation Congress) und seit 1964 berühmtester politischer Häftling Südafrikas, personifizierte den Widerstand gegen die Apartheid in einzigartiger Weise, aber auch andere kämpften gegen die Un-

Apartheid

Whites only – Nur für Weiße: solche Schilder gehörten zur Zeit der Apartheid zum Alltag

terdrückung, so Mandelas ANC-Kollege Oliver Tambo (1917–1993), Desmond Tutu (*1931), der erste schwarze Erzbischof von Kapstadt und Friedensnobelpreisträger von 1984, und Stephen Biko (1946–1977), Bürgerrechtler und Anführer des Ende der 1960er-Jahre initiierten **Black Consciousness Movement**. Die Studentenbewegung machte sich um die Erneuerung des schwarzen Selbstbewusstseins und die Rückbesinnung auf afrikanische Traditionen verdient. Jugendliches Engagement und Aufbegehren brachte aber auch viel Leid über Südafrika: Bei den Schüler- und Studentenunruhen von **Soweto** im Jahre 1976 aus Protest gegen die Einführung von Afrikaans als Unterrichtssprache kamen schätzungsweise 1000 Kinder und Jugendliche ums Leben. Stephen Biko selbst wurde 1977 festgenommen und in der Haft ermordet.

Inzwischen gab es auf der ganzen Welt einflussreiche Organisationen, die gegen das südafrikanische Regime aufbegehrten. Bei einer Anti-Apartheid-Konferenz in Schweden z. B. sprach der Premier des Landes, Olof Palme, 1976 klare Worte: »Apartheid kann nicht reformiert werden, sie muss abgeschafft werden.« Innen- und außenpolitischer Druck brachte die Apartheid mehr und mehr in Bedrängnis, doch es sollte bis in die späteren 1980er-Jahre dauern, bis sich die wichtigsten Handelspartner Südafrikas, die USA und England, zu umfassenden ökonomischen und kulturellen Sanktionen durchringen konnten. Das Ende der Apartheid wurde aber letztlich nicht von den Großmächten herbeigeführt, es bahnte sich im eigenen Lande an. War Südafrika in den 1960er-Jahren noch eines der wirtschaftlich erfolgreichsten Länder der Welt gewesen, in den 1980er-Jahren zählte es zu den ärmsten. Das Regime hatte sich durch die Apartheid, die einen riesigen Verwaltungsapparat erforderte, selbst den Lebensatem abgeschnürt. Die Townships der Schwarzen wurden nun zu Zentren von politischen Boykotts und blutigen Vergeltungsmaßnahmen. Schon 1985 sah sich Präsident Botha gezwungen, den **Ausnahmezustand** zu verhängen, erst 1990 unter Präsident de Klerk wurde er wieder aufgehoben.

Kein Ereignis hatte mehr Symbolkraft für Südafrika als die Haftentlassung Nelson Mandelas am 11. Februar 1990, neun Tage nach de Klerks Amtsantritt. Das Ende des totalitären Regimes war ohne Staatsstreich oder Bürgerkrieg vonstatten gegangen. Die Neuordnung des Landes und die Beseitigung der riesigen Apartheid-Maschinerie sollten allerdings noch Jahre dauern. Ein erster friedlicher Triumph für das neue Südafrika, welches Desmond Tutu nun stolz als **Rainbow Nation** titulierte, waren die ersten freien demokratischen Wahlen am 27. April 1994 und der Amtsantritt des neuen Präsidenten Nelson Mandelas am 10. Mai. Der 27. April ist heute ein Feiertag mit Namen Freedom Day.

Südafrika aktuell A bis Z

Vor Reiseantritt

ADAC Info-Service:
Tel. 08 00/51 01 11 12 (gebührenfrei)
Unter dieser Telefonnummer oder bei
den ADAC Geschäftsstellen können
ADAC Mitglieder kostenloses Informa-
tions- und Kartenmaterial anfordern.

ADAC im Internet:
www.adac.de
www.adac.de/reisefuehrer

Südafrika im Internet:
www.southafrica.net
www.capetown.travel
www.northerncape.org.za

www.ectourism.co.za
www.golimpopo.com
www.suncoast.co.za
www.kzn.org.za
www.mpumalanga.com
www.tourismnorthwest.co.za
www.gauteng.net

**Staatlicher Südafrikanischer Tourist-
musverband South African Tourism**
Tel. 069/929 12 90, Call Center
0800 118 91 18 (gebührenfrei),
www.dein-suedafrika.de,
info.de@southafrica.net

Allgemeine Informationen

Reisedokumente

Für einen Aufenthalt von bis zu 90 Tagen
genügt der **Reisepass**, der mindestens
noch 30 Tage über die geplante Aufent-
haltsdauer hinaus gültig sein muss. Der
Pass sollte mind. zwei freie Seiten für Ein-
und Ausreisestempel aufweisen. Der
deutsche Kinderausweis, der bis 2006
ausgestellt wurde, wird noch anerkannt,
muss jedoch mit einem Bild versehen und
noch 30 Tage nach der Ausreise aus Südafrika gültig sein. Bei der Ankunft muss ein
Rückflugticket vorgezeigt werden.

Kfz-Papiere

Nationaler und Interationaler Führer-
schein und Zulassungsbescheinigung
Teil 1 (vormals Fahrzeugschein) sind mit-
zuführen. Die Mitnahme der Internationalen Grünen Versicherungskarte wird
empfohlen. Für die vorübergehende
zollfreie Einfuhr von Pkw, Motorrad oder
Wohnmobil ist ein *Carnet de Passage*
(beim ADAC erhältlich) nötig, da sonst
die Einreise verweigert werden kann. Es
besteht Haftpflichtversicherungszwang.
Eine deutsche Haftpflichtversicherung
ist nicht gültig. Policen können im Land
und auch an den Grenzen abgeschlos-
sen werden.

Krankenversicherung und Impfungen

Es empfiehlt sich dringend der Abschluss
einer Auslandsreise- und Rückholversi-
cherung mit uneingeschränkter Kosten-
übernahme. Über die aktuell empfohle-
nen und benötigten Impfungen sowie
Malariaprophylaxe informieren Tropen-
medizinische Institute und Tropenmediziner im Heimatland (z.B. rki.de oder tro
peninstitute.de).

ADAC Mitgliedern stehen für Auskünfte
auch die Ärzte des *Reisemedizinischen In-
formationsdienstes* des ADAC zur Verfügung, Tel. 089/76 76 77.

Zollbestimmungen

Alle Gegenstände des persönlichen Ge-
brauchs sind zollfrei. Bei der **Einreise** sind
pro Person (ab 18 Jahren) 200 Zigaretten
und 20 Zigarren und 250 g Tabak, 1 l Spirituosen, 2 l Wein, 50 ml Parfüm und 250 ml
Eau de Toilette sowie Geschenke im Ge-
samtwert bis zu 3000 Rand (R) zollfrei.
Weitere Informationen: www.sars.gov.za

Bei der **Ausreise** sind folgende Grenzen
zu beachten: 200 Zigaretten oder 100 Zi-
garillos oder 50 Zigarren oder 250 g Tabak oder eine anteilige Zusammenstel-
lung dieser Waren, 1 l Spirituosen mit
mehr als 22 % Alkohol bzw. 2 l mit weniger als 22 % Alkohol. Ab einem gewissen
Warenwert wird die entrichtete *Mehrwertsteuer* (VAT) gegen Vorlage der Quit-
tungen beim VAT-Office am Flughafen
zurückerstattet, Details unter www.taxre
funds.co.za. Ebenfalls zu beachten ist die
EU-weite Einfuhrgrenze für zollfreie Waren in Höhe von insgesamt 300 €, bei
Flug- und Seereisen bis zu 430 €, bei Reisenden unter 15 Jahren bis zu 175 €. Für
die Schweiz gelten abweichende Bestim-
mungen (Infos unter www.ezv.admin.ch).

Allgemeine Informationen

Geld

Die Währungseinheit Südafrikas ist der *Rand* (R). 1 Rand entspricht 100 Cents (c). Im Umlauf sind alte und neue Münzen (1, 2, 5, 10, 20, 50 c und 1, 2, 5 R) sowie Scheine zu 10, 20, 50, 100 und 200 R.

Die Mitnahme von **Reiseschecks** ist aus Sicherheitsgründen empfehlenswert. Die gängigen **Kreditkarten** werden fast überall akzeptiert. An den Geldautomaten in größeren Städten kann man mit Visa- bzw. Mastercard Bargeld abheben. Mit der Maestro/EC-Karte stehen 10 000 Geldautomaten zur Verfügung. Tankstellen akzeptieren häufig nur Bargeld.

Tourismusämter im Land

South African Tourism Head Office, Bojanala House, 90 Protea Road, Chislehurston, Johannesburg 2196, Tel. 011/895 30 00, www.southafrica.net

Die Adressen der einzelnen Fremdenverkehrsämter sind im Haupttext unter den **Praktischen Hinweisen** verzeichnet.

Notrufnummern

Polizei, Ambulanz, Feuerwehr: Tel. 101 11

Unfallrettung: Tel. 101 77

AA Pannenhilfe (Automobile Association of South Africa): Tel. 083 / 843 22

ADAC-Notrufzentrale München: Tel. 00 49/89/22 22 22 (rund um die Uhr)

ADAC Ambulanzdienst München: Tel. 00 49/89/76 76 76 (rund um die Uhr)

ÖAMTC Schutzbrief Nothilfe: Tel. 00 43/(0)1/251 20 00

TCS Zentrale Hilfsstelle: Tel. 00 41/588 27 22 20

Diplomatische Vertretungen

Deutschland
Botschaft der Republik Südafrika, Tiergartenstr. 18, 10785 Berlin, Tel. 030/22 07 30, www.suedafrika.org

Südafrikanisches Generalkonsulat, Sendlinger-Tor-Platz 5, 80336 München, Tel. 089/231 16 30, munich.consular@dirco.gov.za

Österreich
Botschaft der Republik Südafrika, Sandgasse 33, 1190 Wien, Tel. 01/320 64 93, www.dirco.gov.za/vienna

Schweiz
Botschaft der Republik Südafrika, Alpenstr. 29, 3006 Bern, Tel. 031/350 13 13, www.southafrica.ch

Südafrika
Deutsche Botschaft, 180 Blackwood Street, Arcadia, Pretoria/Tshwane 0083, Tel. 012/427 89 00, www.pretoria.diplo.de

Deutsches Generalkonsulat, 19th Floor, Triangle House, 22 Riebeek Street, Cape Town 8000, Tel. 021/405 30 00, www.kapstadt.diplo.de

Österreichische Botschaft, 454 A Fehrsen Street (Eingang William Street), Brooklyn, Pretoria/Tshwane 0181, Tel. 012/452 91 55, www.bmeia.gv.at

Österreichisches Honorargeneralkonsulat, Protea Hotel Sea Point, Arthur's Road, Sea Point 8005, Cape Town, Tel. 021/430 51 33, www.bmeia.gv.at

Schweizer Botschaft, 225 Veale Street, Parc Nouveau, New Muckleneuk 0181, Pretoria/Tshwane, Tel. 012/452 06 60, www.eda.admin.ch/pretoria

Schweizer Generalkonsulat, 1 Thibault Square, 26th Floor, Cape Town 8001, Tel. 021/418 36 69, www.eda.admin.ch/capetown

Besondere Verkehrsbestimmungen

Besondere Vorsicht ist in ländlichen Regionen angebracht, wo Tiere auf die Fahrbahn laufen können.

Tempolimits (in km/h): in Ortschaften 60, auf Landstraßen 100 und auf Autobahnen 120. Einige Autobahnabschnitte sind mautpflichtig (*Toll Road*). Kinder unter 14 Jahren dürfen nicht auf dem Vordersitz Platz nehmen.

Die **Promillegrenze** liegt bei 0,5.

In Südafrika herrscht **Linksverkehr**. Fahrzeuge im Kreisverkehr haben Vorfahrt. Wenn die **Vorfahrt** (*give way*) nicht geregelt ist, gilt ›rechts vor links‹. An Kreuzungen findet man außerdem häufig ein Schild ›4-way stop‹: das bedeutet, dass alle ankommenden Fahrzeuge zunächst stehenbleiben müssen, dann fährt man in der Reihenfolge der Ankunft weiter.

Sicherheit

Südafrika verzeichnet eine hohe Kriminalitätsrate einschließlich hoher Gewaltkriminalität, vor allem in Großstädten. Das Auswärtige Amt (www.auswaertigesamt.de) empfiehlt folgende **Vorsichtsmaßnahmen:** Die Innenstädte von Johannesburg, Pretoria/Tshwane, Durban, Port Elizabeth und Kapstadt sollten nach Geschäftsschluss und an Sonntagen möglichst gemieden werden. Auch tagsüber wird zu erhöhter Vorsicht geraten. Sowohl Stadtbesichtigungen als auch Township-Besuche sollten in organisierter Form unter ortskundiger Führung stattfinden. Abgeraten wird vom Benutzen der Vorortzüge in Johannesburg, Pretoria/Tshwane, Durban und z.T. in Kapstadt (allenfalls 1. Klasse, nur zu Hauptverkehrszeiten). Bei Barabhebungen an Geldautomaten wird zur Vorsicht geraten.

Taxis sollte man möglichst bei zuverlässigen, bekannten Unternehmen reservieren. Rucksacktouristen sollten auf sichere Unterkünfte und sicheren Transport achten. Von Fahrten per Anhalter und mit Minibustaxis wird dringend abgeraten. Wegen der Gefahr von Fahrzeugentführungen und ›smash-and-grab‹-Überfällen sollten im Auto die Fenster immer geschlossen und die Türen von innen verriegelt sein. Handtaschen, Fotoapparate usw. sollten nicht sichtbar im Auto liegen.

Die großen Überlandstraßen in Südafrika sind zumeist in gutem Zustand. Nebenstraßen hingegen sind vor allem in ländlichen Gegenden unzureichend gesichert und von schlechter Qualität. Es wird empfohlen, Überlandfahrten nach Einbruch der Dunkelheit nicht mehr zu unternehmen, da Autopannen, Straßen mit Schlaglöchern, nicht hinreichend ausgeschilderte und gesicherte Baustellen sowie Tiere auf der Fahrbahn dann ein erhebliches Sicherheitsrisiko darstellen.

Es wird davon abgeraten, an Aussichtspunkten oder Rastplätzen zu halten, wenn dort keine anderen Touristen in Sichtweite sind. Aus Sicherheitsgründen wird empfohlen, ein Mobiltelefon mitzubringen oder zu mieten (am Flughafen).

Bei Ausflügen in öffentlich zugängliche Naturflächen sollte man keine einsam gelegenen Wanderwege benutzen oder eine geführte Wanderung buchen.

Gesundheit

Die Limpopo-Provinz, Mpumalanga und der Norden von KwaZulu-Natal sind **Malariagebiete**. Die Prophylaxe sollte vorab mit einem Tropenmediziner abgestimmt werden [s.S. 129]. In Malariagebieten sollte man Parfüm oder Aftershave vermeiden und sich bevorzugt langärmelig und in lange Hosen kleiden. Zusätzlichen Schutz bieten tagsüber auch Insektenschutzmittel. Tetanusprophylaxe ist ratsam.

In Bächen, Flüssen, Seen und Stauseen einiger nördlicher und östlicher Bereiche des Landes lebt der **Bilharzia-Parasit** (auch Schistosoma genannt), ein krankheitserregender Wurm, der durch die Haut dringt. Baden in offenen Gewässern der erwähnten Bereiche, sollte daher grundsätzlich unterlassen werden. Südafrika hat eine der höchsten AIDS-Raten der Welt, entsprechende Vorsicht ist geboten.

Stromspannung

Die Stromspannung beträgt 220/230 Volt (in Pretoria/Tshwane 250 Volt). Passende dreipolige Zwischenstecker sind in ADAC-Geschäftsstellen, im Fachhandel und am Flughafen erhältlich.

Zeit

Der Zeitunterschied beträgt zur MEZ plus 1 Stunde, während der Sommerzeit in Europa besteht Zeitgleichheit.

■ Anreise

Die meisten **Fluglinien**, die Südafrika anfliegen, bedienen den *O. R. Tambo International Airport (ORTIA)* in Johannesburg und den *Cape Town International Airport (CTIA)* in Kapstadt. Nonstoppflüge von Deutschland, Österreich und der Schweiz bieten South African Airways (SAA), Lufthansa, Air Berlin und Austrian Airlines. Die Flugzeit beträgt ca. 9–10 Stunden.

Preisgünstige **Umsteigeverbindungen**, bei denen meist längere Wartezeiten auf einem Transit-Airport in Kauf zu nehmen sind, bieten Air France, KLM, Austrian Airlines und British Airways.

Bei Weiterreise in die Nachbarstaaten sollte man sich vorab über die Öffnungszeiten der Grenzübergänge erkundigen.

■ Bank, Post, Telefon

Bank

Öffnungszeiten: Mo–Fr 9–15.30, Sa 9–11 Uhr. Die großen Banken tauschen Devisen und Reiseschecks – man benötigt dafür den Reisepass – und verfügen fast alle über Geldautomaten.

Post

Öffnungszeiten: Mo–Fr 8–16.30, Sa 8–12 Uhr. An den Schaltern sollte man sich auf eine gewisse Wartezeit einstellen.

Bank, Post, Telefon – Einkaufen – Essen und Trinken

Telefon

Internationale Vorwahlen
Südafrika 00 27
Lesotho 00 266
Swasiland 00 268
Deutschland 00 49
Österreich 00 43
Schweiz 00 41

Es folgt die Ortsvorwahl bzw. Teilnehmernummer ohne die Null. Bei Gesprächen innerhalb Südafrikas ist die Ortsvorwahl fester Bestandteil der Telefonnummer und muss **immer** (inkl. der 0) mitgewählt werden.

Die meisten Orte des Landes sind im **Selbstwählverkehr** zu erreichen, ausgenommen entlegene Dörfer. In den grünen öffentlichen Telefonzellen können auch **Telefonkarten** benutzt werden, die in Postämtern, vielen Geschäften und Telcom-Filialen erhältlich sind. Die Benutzung handelsüblicher europäischer **Mobiltelefone** ist in ganz Südafrika möglich.

■ Einkaufen

Öffnungszeiten

Ladenbesitzer in Südafrika können ihre Öffnungszeiten oft selbst festlegen. Fachgeschäfte in den Innenstädten sowie die großen *Einkaufszentren* sind meist 9–18 Uhr, oft auch länger geöffnet. Typisch südafrikanisch sind die sog. *Cafés* in den Vororten und Dörfern, die täglich bis in den späten Abend hinein geöffnet haben. Hier bekommt man frisches Obst, kleine Snacks, Grundnahrungsmittel und vor allem – die Sonntagszeitung.

Souvenirs

Zu den charakteristischen Mitbringseln gehören ausgeblasene **Straußeneier** ebenso wie geschnitzte **Masken**, bemalte **Töpferwaren** und **Holzgiraffen.**

Goldschmuck und **Diamanten** sind in Südafrika teils günstiger als in Europa, beim Kauf sind wegen der Rückerstattung der Mehrwertsteuer (VAT) am Flughafen Pass und Rückflugticket vorzulegen. Beim Diamantkauf muss man immer ein exaktes Zertifikat verlangen, um Ärger bei der Abreise zu vermeiden.

Originell ist **Biltong**, das luftgetrocknete Fleisch von Rind oder Wild. Es erinnert an Bündnerfleisch und wird in Südafrika gern als Snack zwischendurch gegessen.

Zum Schutz der Artenvielfalt sollte die Ausfuhr von Tieren und Pflanzen und der aus ihnen hergestellten Produkte vermieden werden.

■ Essen und Trinken

Frühstück

Natürlich hat das englische Frühstück mit Speck, gegrillten Tomaten, Eiern, Marmelade und Toast auch in der ehem. britischen Kolonie im Süden Afrikas Tradition. In den meisten Hotels wird das *Breakfast* durch ein *Buffet* ergänzt.

Mittag- und Abendessen

Die Vorliebe der weißen Südafrikaner für **Gegrilltes** geht auf die Zeit zurück, als viele ihrer Vorfahren noch Voortrekker, d.h. Pioniere in dem weiten Land waren. Sie konnten auf ihren langen Reisen jeweils nur das Nötigste mitnehmen, und so wurde das Fleisch vom frisch erlegten Wild am offenen Feuer gebraten. Aus dieser Not wurde dann eine ihrer bevorzugten Freizeitaktivitäten, das *Braaivleis* (›Bratfleisch‹). Dazu gehört neben Rind-, Schweine- und Hammelfleisch auch die schneckenartig gekringelte *Boerewors*, eine würzige Bratwurst, sowie *Pap*, ein trockener Maisbrei.

Die Geheimnisse der **malaiischen** und **indischen Küche** haben der reichlich bodenständigen ›weißen‹ Küche Südafrikas ihren unverwechselbaren, exotischen Pfiff gegeben. Die bevorzugten Gerichte sind u. a. *Sosaties* (Fleischspießchen von Hammel und Rind), *Bobotie* (Auflauf aus Lamm und Curry) sowie Fleisch- und Gemüseeintöpfe, *Bredies* genannt. Diese Spezialitäten bekommt man vor allem im Raum Kapstadt. *Curries* aus Rind, Lamm, Huhn oder Fisch sollte man unbedingt in Durban probieren. Liebhaber von **Fisch** und sonstigen Meeresfrüchten kommen vor allem in den zahlreichen Küstenorten auf ihre Kosten. Langusten heißen in Südafrika *Crayfish*, und der Hummer hört auf den Namen *Lobster*.

Getränke

Bier ist in Südafrika sehr beliebt. **Appletiser** und **Grapetiser** sind typisch südafrikanische Getränke ohne Alkohol, es handelt sich dabei um Apfel- bzw. Traubensaft, der mit Kohlensäure versetzt ist. Die teils hervorragenden **Weine** des West-Kaps [s. S. 32] machen ein gutes Essen zum Hochgenuss (www.wine.co.za).

Alkoholische Getränke jeglicher Art kauft man immer noch in besonderen *Bottle Stores* an der Straßenecke. Diese lizensierten Geschäfte sind ein Relikt aus puritanischen Zeiten und sichern den Lizenzinhabern teilweise enorme Gewinne.

Trinkgeld

Allgemein sind 10 % des Rechnungsbetrags als *Tip* üblich. Man kann das Trinkgeld für die Bedienung entweder auf dem Tisch liegen lassen oder den Betrag auf der Kreditkartenabrechnung eintragen.

◼ Feiertage

Feiertage

1. Januar (*New Years Day*, Neujahr), 21. März (*Human Rights Day*, Tag der Menschenrechte im Gedenken an die 69 Schwarzen, die im Kampf gegen die Apartheid am 21. März 1960 beim Sharpeville-Massaker ums Leben kamen), *Good Friday* (Karfreitag), Ostermontag, 27. April (*Freedom Day*, Tag der Freiheit), 1. Mai (*Workers Day*, Tag der Arbeit), 16. Juni (*Youth Day*, Tag der Jugend), 9. August (*Women's Day*, Tag der Frau), 24. September (*Heritage Day*, Tag des Erbes, ursprünglich ›Shaka Day‹ der Zulus), 16. Dezember (*Day of Reconciliation*, Tag der Versöhnung), 25. Dezember (*Christmas Day*, Weihnachten), 26. Dezember (*Day of Goodwill*, Weihnachten). Hinzu kommen noch Feiertage der jüdischen und der asiatischen Gemeinschaften. Fällt ein gesetzlicher Feiertag auf einen Sonntag, so ist der folgende Montag frei.

◼ Festivals und Events

Januar

Kapstadt: (2. Jan.): *Cape Town Ministrel Carnival*: auch Coon Carnival genannt, vergnüglich-buntes Treiben, bei dem weit über 1000 Kostümierte auftreten

März

Kapstadt: *Cape Town Festival*, die Stadt feiert sich selbst und präsentiert sich mit Musik, Film, Tanz, Theater und Kinderfest in ihrer ganzen kulturellen Vielfalt (www.capetownfestival.co.za).

April

Johannesburg: *Rand Easter Show*, eine der größten Konsummessen der südlichen Hemisphäre (www.randshow.co.za).

Kapstadt: *Old Mutual Two Oceans Marathon*, immer am Ostersamstag (www.two oceansmarathon.org.za).

Paarl: *Paarl Nouveau Wine Festival*, die ersten Weine des neuen Jahrgangs werden mit Weinproben, Ballonfahrten und Musikdarbietungen zelebriert.

Mai

Durban/Pietermaritzburg: (Ende Mai): *Comrades Marathon*, Marathonlauf über die knapp 90 km lange Strecke zwischen Durban und Pietermaritzburg, die Laufrichtung wechselt jährlich (www.comrades.com).

Juni/Juli

Grahamstown: *National Arts Festival*, zwei Wochen lang Theater, Film, Musik und Ausstellungen auf dem nationalen Kunstfestival (www.nafest.co.za).

Juli

Ballito (erste Monatshälfte): *Mr Price Pro*, internationales Wettsurfen an den Stränden von Ballito (www.mrpricepro.com).

September

Hermanus: *Whale Festival*, das letzte Septemberwochenende steht ganz im Zeichen der sich paarenden Meeressäuger (www.whalefestival.co.za).

Johannesburg: *Arts Alive Festival*, Tanz, Theater, Lesungen, Kunst und zahlreiche Jazzkonzerte (www.arts-alive.co.za).

◼ Klima und Reisezeit

Da das Land in der südlichen Hemisphäre liegt, sind die **Jahreszeiten** denen der Nordhalbkugel entgegengesetzt. Dezember bis Februar ist touristische Hochsaison. Für diese Zeit sind frühzeitige Buchungen dringend zu empfehlen.

Im Mai und Juni bringt der Herbst warme Tage und kühle Nächte, das **Klima** ist in den meisten Gebieten Südafrikas ausgesprochen angenehm. Von Anfang Juli bis Ende September ist mit niedrigen Temperaturen zu rechnen, im Inland ist es tagsüber mit ca. 20 °C angenehm warm. Auf dem Highveld um Johannesburg fällt das Thermometer zu dieser Zeit zuweilen unter Null, in den Drakensbergen schneit es kräftig. Das West-Kap erlebt dann auch schon mal Regen, Hagel und Sturm.

Klimadaten Kapstadt

Monat	Luft (°C) min./max.	Sonnen-std./Tag	Regen-tage
Januar	17/27	11	3
Februar	17/27	11	2
März	16/26	9	3
April	13/23	8	6
Mai	11/20	7	9
Juni	9/19	6	9
Juli	9/18	6	10
August	9/18	7	9
September	11/19	7	7
Oktober	12/21	9	5
November	14/24	10	4
Dezember	16/25	11	3

Klimadaten Durban

Monat	Luft (°C) min./max.	Sonnen-std./Tag	Regen-tage
Januar	21/28	6	10
Februar	21/28	6	9
März	20/28	6	9
April	18/26	7	7
Mai	14/24	7	4
Juni	12/23	8	3
Juli	11/23	8	3
August	13/23	7	5
September	15/23	6	7
Oktober	17/24	5	10
November	18/25	6	11
Dezember	20/27	6	11

Klimadaten Johannesburg

Monat	Luft (°C) min./max.	Sonnen-std./Tag	Regen-tage
Januar	15/26	8	12
Februar	15/25	8	9
März	13/24	8	9
April	11/21	8	6
Mai	8/19	9	3
Juni	5/16	9	2
Juli	5/16	9	1
August	7/19	9	2
September	10/22	9	3
Oktober	12/24	9	8
November	13/24	8	11
Dezember	15/24	8	11

Kultur live

Südafrika verfügt mit seinen Metropolen Johannesburg, Pretoria/Tshwane, Kapstadt und Durban über kulturelle Zentren, deren Reiz in der ethnischen Vielfalt liegt. Theater-, Kabarett- und Konzertangebo-te gibt es vor allem in Johannesburg und Kapstadt. Zu den größeren Ereignissen zählt das **National Arts Festival**, das Gra-hamstown im Juli zum Mekka der Musik-, Kunst- und Kleinkunstfreunde macht. Eintrittskarten für die meisten Ereignisse gibt es bei Computicket.

Computicket, Greenacres Office Park, Victory Road/Barry Hertzog Road, Victory Park, Johannesburg, Tel. 0861/915 80 00, www.computicket.com

Nachtleben

Nächtliches Entertainment konzentriert sich auf Kapstadt, Durban und Johannes-burg, dort vor allem rund um den Markt Theatre Complex und im Stadtteil Yeovil-le. Vorzüglich informieren die Zeitungen *Mail & Guardian* (www.mg.co.za) sowie *The Star* (www.thestar.co.za) über das Nachtleben im Land.

Sport

Schwarze Südafrikaner begeistern sich vor allem für *Fußball* im kontinental-europäischen Sinn, während die Weißen *Rugby-Fans* sind. Läuft ein hochkarätiges Rugby-Turnier im Fernsehen, kann der Besucher getrost mit Nichtbeachtung durch seine ansonsten sehr aufmerksa-men Gastgeber rechnen.

Angeln

Die rund 3000 km lange Küste sowie Fo-rellenreviere in *Mpumalanga* und in den *Drakensbergen* bieten für Petrijünger hervorragende Möglichkeiten.

Golf

In Südafrika ist Golf bei über 300 regist-rierten Plätzen ganzjährig eine Attrakti-on. Einige Plätze genießen den Ruf, unter den besten der Welt zu sein. Zumeist sind Nichtmitglieder willkommen (www.suedafrika-golf.de).

Klettern

Die *Drakensberge* sowie das *Waterberg-Gebiet* und einige Regionen des West-Kap eignen sich für Klettertouren unter-schiedlicher Schwierigkeitsgrade.

Wandern

Ob kürzere Etappen oder mehrtägige Trails von Weltruf – Südafrika kann sich rühmen, einige der schönsten Wander-strecken der Erde zu besitzen. Sie liegen im *West-Kap* einschließlich *Tafelberg* und der Küste, in den *Drakensbergen* sowie in *Mpumalanga* und im Gebiet des *Soutpansberg* in der Limpopo-Provinz. Zwar ist es nicht sehr wahrscheinlich, beim Wandern einer der vielen Schlangen zu begegnen, die es im Land gibt, doch ist festes und hohes Schuhwerk durchaus zu empfehlen. Es empfiehlt sich, zuvor Sicherheitshinweise einzuholen oder sich einer geführten Tour anzuschließen.

Wassersport

Südafrika ist ein Paradies für Wassersportler. Sichere **Strände** ziehen sich von der *atlantischen Westküste* bis hinauf nach KwaZulu-Natal. In den wärmeren Gewässern *KwaZulu-Natals* tummeln sich zwar Haie, doch werden die Badestrände in Ferienorten durch Netze geschützt. Surfen, Schnorcheln und Tauchen sind ebenfalls sehr beliebt. Die *Atlantikküste* nördlich von Kapstadt hat zwar – bedingt durch den Benguela-Strom aus der Antarktis – recht kaltes Wasser, doch wirkt dies außerordentlich erfrischend angesichts oft heißer Temperaturen an Land. Vor Badefreuden in den *Binnengewässern* im Norden und Nordosten des Landes wird wegen der Bilharzia-Gefahr abgeraten [s. S. 131], wenn eine Unbedenklichkeit nicht eindeutig ausgewiesen ist. Infos zum **Tauchsport** unter www.divet hebig5.co.za.

■ Statistik

Lage: Im Nordwesten wird die Republik Südafrika durch Namibia, im Norden durch Botswana und Simbabwe, im Nordosten durch Mosambik und Swasiland begrenzt. Völlig von Südafrika umschlossen ist das Königreich Lesotho. Auf über 3000 km Küstenlänge wird das Land vom Atlantischen und Indischen Ozean umspült.

Fläche: Mit einer Gesamtfläche von 1 223 410 km^2 ist Südafrika etwa dreimal so groß wie Deutschland. Von Kapstadt bis Beit Bridge am Limpopo im Norden sind es auf der legendären Kap-Kairo-Route rund 2000 Straßenkilometer.

Bevölkerung: In Südafrika leben derzeit knapp 51 Mio. Menschen von vielen verschiedenen Ethnien. Die Bevölkerung setzt sich folgendermaßen zusammen:

79,3 % Schwarzafrikaner, 9,1 % Weiße, 9 % Farbige (Nachfahren der Khoisan und Menschen mit gemischten Vorfahren) und Inder sowie 2,6 % Asiaten. Zu den wichtigsten Ethnien gehören die Zulu, Xhosa, Basotho, Bapedi, Venda, Tswana, Tsonga, Swazi und Ndebele.

Religion: In Südafrika gibt es 80 % Christen, 15 % ohne religiöse Bindung, 2 % Anhänger von Stammesreligionen (mehrheitlich Animismus), 2 % Muslime und 1,5 % Hindus.

Hauptstadt: Pretoria/Tshwane ist die Hauptstadt von Südafrika. Die Gewalten sind jedoch auf drei Städte verteilt: in Bloemfontein hat der oberste Gerichtshof seinen Sitz, in Johannesburg das Verfassungsgericht und in Pretoria/Tshwane die Regierung.

Verwaltung: Nach dem Ende der Apartheid und den ersten demokratischen Wahlen im Jahre 1994 wird der Bundesstaat Südafrika von einer Regierung geführt, in der der African National Congress (ANC) die absolute Mehrheit besitzt. Präsident der Republik ist seit 2009 Jacob Zuma. Hatte der ANC in der Phase des politischen Umbruchs für zentralistische Verfassungselemente plädiert, zeigt die 1997 verabschiedete Verfassung das Bemühen, auch föderalistische Strukturen zur Geltung zu bringen. So soll der Nationalrat der Provinzen als zweite Kammer des Parlaments den neun Provinzen des Landes Gewicht verleihen. Die Verfassung Südafrikas gilt heute weltweit als eine der fortschrittlichsten, in ihr ist u.a. auch das Recht auf sexuelle Selbstbestimmung verankert.

Wirtschaft: Südafrika besitzt enorme Vorkommen an Gold, Diamanten, Platin, Manganerz, Chrom und Kohle, doch sinkt die Bedeutung des Bergbaus allmählich. Die Minenkonzerne konzentrieren sich derzeit auf andere afrikanische Gebiete, die Förderung der heimischen Bodenschätze gestaltet sich zunehmend kostspielig. Weitere Exportgüter des Landes sind Wein, Zitrusfrüchte und Wolle. Ferner spielt der Tourismus eine wichtige Rolle.

■ Unterkunft

Bed & Breakfast

B & B kennzeichnet in Südafrika nicht nur solche Privatquartiere, wie man sie von den Britischen Inseln her kennt. Am Kap versteht man darunter Pensionen, Stadtwohnungen, Eigenheime und Farmunterkünfte. Nähere Auskünfte erteilt South African Tourism [s. S. 129].

Camping

Die über 800 registrierten **Caravanparks** sind sauber und mit allen üblichen Einrichtungen ausgestattet. Die größeren Plätze verfügen über Swimmingpools, Selbstbedienungsläden und Restaurants.

Hotels

Das staatliche Touristikamt South African Tourism [s. S. 129] gibt eine Broschüre heraus, in die es nur solche Unterkünfte aufnimmt, die sich seinem Klassifizierungsschema unterwerfen. Die Kategorien reichen von einem bis zu fünf Sternen. Die Preise beziehen sich meist auf eine Übernachtung pro Person. Auch **Selbstverpflegungsunterkünfte** und **Wildlife-Lodges** sind aufgeführt. Die Broschüre kann telefonisch bestellt werden.

Die *Portfolio Collection* empfiehlt Luxushotels, Guest Houses, Unterkünfte in Wildreservaten sowie Bed & Breakfast für das ganze Land. Die Broschüren können angefordert werden bei:

Portfolio Collection Head Office, A17, Westlake Square, 1 Westlake Drive, Westlake 7945, Cape Town South Africa, Tel. 021/702 12 36, Reservierung Tel. 021/701 96 32, www.portfoliocollection. com

Rest Camps

Die Quartiere der Nationalparks liegen in Rest Camps. Sie zeichnen sich durch Sauberkeit und eine gewisse naturnahe Ursprünglichkeit aus. In den Rest Camps werden Unterkünfte mit unterschiedlicher Ausstattung angeboten, von einfachen grasgedeckten Rundhütten (*Rondavels*) mit eigenen Duschen und WCs bis zu geräumigen Cottages mit mehr Luxus. In den meisten Camps sind Einkaufsmöglichkeiten vorhanden, größere Camps verfügen über ein Restaurant. In die Provinz *KwaZulu-Natal* müssen alle Lebensmittel mitgebracht werden, da hier die Camps überwiegend auf Selbstversorgung ausgerichtet sind. Infos:

South African National Parks, P.O. Box 787, Pretoria/Tshwane 0001, Tel. 012/428 91 11, www.sanparks.org

KwaZulu-Natal Conservation, P.O. Box 13069, Cascades 3202, Tel. 033/845 10 00, www.kznwildlife.com

Verkehrsmittel im Land

Bahn

Die Bahn fällt als Transportmittel für den Touristen weitgehend aus, weil das Streckennetz dünn ist und die Züge sehr langsam sind. Eine Ausnahme bildet der legendäre **Blue Train** (www.bluetrain. co.za). Mit seiner Luxusausstattung verkehrt er zwischen Pretoria/Tshwane, Johannesburg und Kapstadt. Die 27 Stunden dauernde Reise ist jedoch nicht billig. Inzwischen fährt dieser Zug auch von Pretoria/Tshwane nach Durban. Ein weiterer Luxuszug ist **Rovos Rail** (www.rovos.co.za), der das südliche Afrika von Kapstadt bis hinauf nach Daressalam in Tansania durchquert. Weitere Streckenabschnitte sind für 2015 in Planung.

Bus

Überlandbusse bieten eine preiswerte und komfortable Reisemöglichkeit. Diverse Busunternehmen wie *Greyhound* (www. greyhound.co.za), oder *Autopax* (www. autopax.co.za) fahren auf den Hauptstrecken der Republik zu recht günstigen Preisen, jedoch bleiben weite Landesteile vom Streckennetz unberücksichtigt.

Flugzeug

Große Distanzen werden am besten auf dem Luftweg bewältigt, wozu der Besucher auch durch die recht günstigen Flugpreise ermuntert wird. *South African Airlines* (www.flysaa.com) ist einer der Hauptanbieter für Inlandflüge. Zur Reisesaison (Dezember–Februar, Ostern) ist eine Platzreservierung anzuraten.

Mietwagen

Hat man sich einmal an den Linksverkehr gewöhnt, ist dies die beste Art und Land und Leute, vor allem auch die entlegenen Regionen, kennenzulernen. Heutzutage sind alle international tätigen sowie diverse regionale **Verleihfirmen** im Land vertreten. Für Mitglieder bietet die ADAC Autovermietung günstige Bedingungen, Buchung über ADAC Geschäftsstellen oder unter 089/76 76 20 99.

Die Buchung eines Wagens von Europa aus ist fast immer billiger als vor Ort. Die Fahrt im Mietwagen in die Nachbarländer Südafrikas ist meist nicht gestattet.

Tanken erfolgt mit Full-Service, hier sollte nicht mit Trinkgeld gegeizt werden.

Sprachführer
Englisch für die Reise

◼ Das Wichtigste in Kürze

Ja/Nein	*Yes/No*
Bitte/Danke	*Please/Thank you*
In Ordnung./Einver-	*All right./Agreed.*
standen.	
Entschuldigung!	*Excuse me!*
Wie bitte?	*Pardon?*
Ich verstehe Sie nicht.	*I don't understand you*
Ich spreche nur	*I only speak*
wenig Englisch.	*a little English.*
Können Sie mir	*Can you help me,*
bitte helfen?	*please?*
Das gefällt mir/ Das	*I like that/*
gefällt mir nicht.	*I don't like that.*
Ich möchte ...	*I would like ...*
Haben Sie ...?	*Do you have ...?*
Gibt es ...?	*Is there ...?*
Wie viel kostet das?/	*How much is that?*
Wie teuer ist ...?	
Kann ich mit Kredit-	*Can I pay by*
karte bezahlen?	*credit card?*
Wie viel Uhr ist es?	*What time is it?*
Guten Morgen!	*Good morning!*
Guten Tag!	*Good morning!/*
	Good afternoon!
Guten Abend!	*Good evening!*
Gute Nacht!	*Good night!*
Hallo! Grüß Dich!	*Hello!*
Wie ist Ihr Name,	*What's your name,*
bitte?	*please?*
Mein Name ist ...	*My name is ...*

Ich bin Deutsche(r).	*I am German.*
Ich bin aus Deutschland.	*I come form Germany.*
Wie geht es Ihnen?	*How are you?*
Auf Wiedersehen!	*Good bye!*
Tschüs!	*See you!*
gestern/heute/	*yesterday/today/*
morgen	*tomorrow*
am Vormittag/	*in the morning/*
am Nachmittag	*in the afternoon*
am Abend/	*in the evening/*
in der Nacht	*at night*
um 1 Uhr/	*at one o'clock/*
2 Uhr ...	*at two o'clock ...*
um Viertel vor (nach) ...	*at a quarter to (past) ...*
um ... Uhr 30	*at ... thirty*
Minuten/Stunden	*minutes/hours*
Tage/Wochen	*days/weeks*
Monate/Jahre	*months/years*

◼ Wochentage

Montag	*Monday*
Dienstag	*Tuesday*
Mittwoch	*Wednesday*
Donnerstag	*Thursday*
Freitag	*Friday*
Samstag	*Saturday*
Sonntag	*Sunday*

◼ Monate

Januar	*January*
Februar	*February*
März	*March*
April	*April*
Mai	*May*
Juni	*June*
Juli	*July*
August	*August*
September	*September*
Oktober	*October*
November	*November*
Dezember	*December*

◼ Zahlen

0	*zero*	20	*twenty*
1	*one*	21	*twenty-one*
2	*two*	22	*twenty-two*
3	*three*	30	*thirty*
4	*four*	40	*forty*
5	*five*	50	*fifty*
6	*six*	60	*sixty*
7	*seven*	70	*seventy*
8	*eight*	80	*eighty*
9	*nine*	90	*ninety*
10	*ten*	100	*a (one)*
11	*eleven*		*hundred*
12	*twelve*	200	*two hundred*
13	*thirteen*	1 000	*a (one)*
14	*fourteen*		*thousand*
15	*fifteen*	2 000	*two thousand*
16	*sixteen*	10 000	*ten thousand*
17	*seventeen*	1 000 000	*a million*
18	*eighteen*	½	*a (one) half*
19	*nineteen*	¼	*a (one) quarter*

◼ Maße

Kilometer	*kilometre*
Meter	*metre*
Zentimeter	*centimetre*
Kilogramm	*kilogramme*
Pfund	*pound*
Gramm	*gramme*
Liter	*litre*

Unterwegs

Nord/Süd/West/ Ost	north/south/west/ east
geöffnet/ geschlossen	open/ closed
geradeaus/links/ rechts/zurück	straight on/left/ right/back
nah/weit	near/far
Wie weit ist es?	How far is it?
Wo sind die Toiletten?	Where are the toilets?
Wo ist die (der) nächste ... Telefonzelle/ Bank/Post/ Polizeistation/ Geldautomat?	Where is the nearest ... telephone-box/ bank/post office/ police station/ automatic teller?
Wo ist ... der Hauptbahnhof/ die U-Bahn/ die Bushaltestelle/ der Flughafen?	Where is the ... main train station/ subway station/ bus stop/ airport, please?
Wo finde ich ein(e, en)? Apotheke/ Bäckerei/ Fotogeschäft/ Kaufhaus/ Lebensmittelgeschäft/ Markt?	Where can I find a ... pharmacy/ bakery/ photo shop/ department store/ food store/ market?
Ist das der Weg/ die Straße nach ...?	Is this the way/ the road to ...?
Gibt es einen anderen Weg?	Is there another way?
Ich möchte mit ... dem (der) Zug/Schiff/ Fähre/ Flugzeug nach ... fahren.	I would like to go to ... by ... train/ship/ ferry/ airplane.
Gilt dieser Preis für Hin- und Rückfahrt?	Is this the round trip fare?
Wie lange gilt das Ticket?	How long will the ticket be valid?
Wo ist ... das Tourismusbüro/ ein Reisebüro?	Where is ... the tourist office/ a travel agency?
Ich benötige eine Hotelunterkunft.	I need hotel accommodation.
Wo kann ich mein Gepäck lassen?	Where can I leave my luggage?
Ich habe meinen Koffer verloren.	I lost my suitcase.

Zoll, Polizei

Ich habe etwas/ nichts zu verzollen.	I have something/ nothing to declare.
Ich habe nur persön- liche Dinge.	I have only personal belongings.
Hier ist die Kauf- bescheinigung.	Here is the receipt.
Hier ist mein(e) ... Geld/ Pass/ Personalausweis/ Kfz-Schein/	Here is my ... money/ passport/ ID card/ certificate of registration/
Versicherungskarte.	car insurance card.
Ich fahre nach ... und bleibe ... Tage/Wochen.	I'm going to ... to stay there for ... days/weeks.
Ich möchte eine Anzeige erstatten.	I would like to report an incident.
Man hat mein(e, en)... Geld/ Tasche/ Papiere/ Schlüssel/ Fotoapparat/ Koffer/ Fahrrad gestohlen.	They stole my ... money/ bag/ papers/ keys/ camera/ suitcase/ bicycle.
Verständigen Sie bitte das/die Deutsche Konsulat/ Botschaft.	Please contact the German consulate/ embassy.

Freizeit

Ich möchte ein ... Fahrrad/ Motorrad/ Surfbrett/ Mountainbike/ Boot/ Pferd ... mieten.	I would like to rent a ... bicycle/ motorcycle/ surf board/ mountain bike/ boat/ horse.
Gibt es ein(en) Freizeitpark/ Freibad/ Golfplatz/ Strand ... in der Nähe?	Is there a ... theme park/ outdoor swimming pool/ golf course/ beach ... in the area?
Wann hat ... geöffnet?	What are the opening hours of ...?

Bank, Post, Telefon

Ich möchte Geld wechseln.	I would like to change money.
Brauchen Sie meinen Ausweis?	Do you need my passport?
Wo soll ich unter- schreiben?	Where should I sign?
Wie lautet die Vorwahl für ...?	What is the area code for ...?
Wo gibt es ... Telefonkarten/ Briefmarken?	Where can I get ... phone cards/ stamps?

Tankstelle

Wo ist die nächste Tankstelle?	Where is the nearest petrol station?
Ich möchte ...	I would like ...
Liter ...	litres of
Super/Diesel / bleifrei.	star/diesel/ unleaded.
Volltanken, bitte.	Fill it up, please.
Bitte, prüfen Sie ...	Please check the ...
den Reifendruck/	tire pressure/
den Ölstand/	oil level/
den Wasserstand/	water level/
das Wasser für die Scheibenwischanlage/	water in the wind-screen wiper system/
die Batterie.	battery.
Würden Sie bitte ...	Would you please ...
den Ölwechsel/	change the oil/
den Radwechsel vornehmen/	change the tires/
die Sicherung austauschen/	change the fuse/
die Zündkerzen erneuern/	replace the spark plugs/
die Zündung nachstellen?	adjust the ignition?

Mietwagen

Ich möchte ein Auto mieten.	I would like to rent a car.
Was kostet die Miete ...	How much is the rent ...
pro Tag/	per day/
pro Woche/	per week/
mit unbegrenzter km-Zahl/	including unlimited kilometres/
mit Kasko-versicherung/	including compre-hensive insurance/
mit Kaution?	with deposit?
Wo kann ich den Wagen zurückgeben?	Where can I return the car?

Unfall

Hilfe!	Help!
Achtung!/Vorsicht!	Attention!/Caution!
Rufen Sie bitte schnell ...	This is an emergency, please call ...
einen Krankenwagen/	an ambulance/
die Polizei/	the police/
die Feuerwehr.	the fire department.
Es war (nicht) meine Schuld.	It was (not) my fault.
Geben Sie mir bitte Ihren Namen und Ihre Adresse.	Please give me your name and address.
Ich brauche die Angaben zu Ihrer Autoversicherung.	I need the details of your car insurance.

Panne

Ich habe eine Panne.	My car's broken down.
Der Motor startet nicht.	The engine won't start.
Ich habe die Schlüssel im Wagen gelassen.	I left the keys in the car.
Ich habe kein Benzin/ Diesel.	I've run out of petrol/ diesel.
Gibt es hier in der Nähe eine Werkstatt?	Is there a garage nearby?
Können Sie mein Auto abschleppen?	Could you tow my car?
Können Sie mir einen Abschleppwagen schicken?	Could you send a tow truck?
Können Sie den Wagen reparieren?	Could you repair my car?
Bis wann?	By when?

Krankheit

Können Sie mir einen guten Deutsch sprechenden Arzt/ Zahnarzt empfehlen?	Can you recommend a good German-speaking doctor/ dentist?
Wann hat er Sprech-stunde?	What are his office hours?
Wo ist die nächste Apotheke?	Where is the nearest pharmacy?
Ich brauche ein Mittel gegen ...	I need medication for ...
Durchfall/	diarrhea/
Halsschmerzen/	a sore throat/
Fieber/	fever/
Insektenstiche/	insect bites/
Verstopfung/	constipation/
Zahnschmerzen.	toothache.

Hotel

Können Sie mir bitte ein Hotel/eine Pension empfehlen?	Could you please recommend a hotel/ Bed & Breakfast?
Ich habe bei Ihnen ein Zimmer reserviert.	I booked a room with you.
Haben Sie ein ...	Have you got a ...
Einzel-/Doppel-zimmer ...	single/double room ...
mit Dusche/ Bad/WC?	with shower/ bath/bathroom?
für eine Nacht/	for a night/
für eine Woche?	for a week?
Was kostet	How much is
das Zimmer	the room
mit Frühstück/	with breakfast/
mit zwei Mahlzeiten?	with two meals?
Wie lange gibt es Frühstück?	How long will break-fast be served?

Ich möchte um ... geweckt werden.	Please wake me up at ...
Wie ist hier die Stromspannung?	What is the power voltage here?
Ich reise heute abend/ morgen früh ab.	I will depart tonight/ tomorrow morning.
Haben Sie einen Internetzugang/ einen Hotelsafe?	Have you got internet access/ a hotel safe?
Akzeptieren Sie Kreditkarten?	Do you accept credit cards?

Restaurant

Wo gibt es ein gutes/ günstiges Restaurant?	Where is a good/ inexpensive restaurant?
Die Speisekarte/ Getränkekarte, bitte.	The menu/ the wine list, please.
Ich möchte das Tagesgericht/ Menü (zu…)	I like the dish of the day (at …).
Welches Gericht können Sie besonders empfehlen?	Which of the dishes can you recommend?
Ich möchte nur eine Kleinigkeit essen.	I only want a snack.
Gibt es vegetarische Gerichte?	Are there vegetarian dishes?
Haben Sie offenen Wein?	Do you serve wine by the glass?
Welche alkoholfreien Getränke haben Sie?	What kind of soft drinks do you have?
Haben Sie Mineralwasser mit/ ohne Kohlensäure?	Do you have sparkling water/ noncarbonated water?
Das Steak bitte ... englisch/medium/ durchgebraten.	The steak ... rare/medium/ well-done, please.
Kann ich bitte ... ein Messer/ eine Gabel/ einen Löffel haben?	May I have ... a knife/ a fork/ a spoon, please?
Rechnung/Bezahlen, bitte.	The bill, please.

Essen und Trinken

Abendessen	dinner
Ananas	pineapple
Apfelkuchen	apple pie
Bier	beer
Birnen	pears
Bratkartoffeln	fried potatoes
Brot/Brötchen	bread/rolls
Butter	butter
Ei	egg
Eier mit Speck	bacon and eggs

Eiscreme	ice-cream
Erbsen	peas
Erdbeeren	strawberries
Essig	vinegar
Fisch	fish
Fleisch	meat
Fleischsoße	gravy
Frühstück	breakfast
Gebäck	pastries
Geflügel	poultry
Gemüse	vegetable
Gurke	cucumber
Hähnchen	chicken
Haferplätzchen	oat cakes
Hammelfleisch	mutton
Honig	honey
Hummer	lobster
Kaffee	coffee
Kalbfleisch	veal
Kartoffeln	potatoes
Kartoffelbrei	mashed potatoes
Käse	cheese
Kohl	cabbage
Kuchen	cake
Lachs	salmon
Lamm	lamb
Leber	liver
Maiskolben	corn-on-the-cob
Marmelade	jam
Mittagessen	lunch
Meeresfrüchte	seafood
Milch	milk
Mineralwasser	mineral water
Nieren	kidneys
Obst	fruit
Öl	oil
Pfannkuchen	pancakes
Pfeffer	pepper
Pfirsiche	peaches
Pilze	mushrooms
Pommes frites	chips, french fries
Reis	rice
Reh/Hirsch	venison
Rindfleisch	beef
Rühreier	scrambled eggs
Sahne	cream
Salat	salad
Salz	salt
Schinken	ham
Schlagsahne	clotted cream
Schweinefleisch	pork
Sekt	sparkling wine
Suppe	soup
Thunfisch	tuna
Truthahn	turkey
Vanillesoße	custard
Vorspeisen	hors d'œuvres
Wein (Weiß/Rot/ Rosé)	wine (white/red/ rosé)
Würstchen	sausages
Zucker	sugar
Zwiebeln	onions

Für Ihren Urlaub: Die Reisemagazine vom ADAC.

Alle zwei Monate neu.

www.adac.de/shop

Register

A

Abu Bakr Effendi 22
Adderley, Sir Charles 19
Addo Elephant National Park
  59–60
African National Congress (ANC)
  19, 66
Afrikaaner 35
Afrikaans 30, 34, 35, 46, 107, 109,
  110
Ai-Ais/Richtersveld Transfrontier
  National Park **50**
Albasini-Damm 99
Albasini, João 99
Alexander Bay 49, 54
Anglo-Buren-Krieg 81, 86, 115, 123
Anreith, Anton 20
Apartheid 10, 19, 23, 39, 40, 65, 66,
  69, 101, 102, 104, 119, 121
Ashkenazy, Vladimir 31
Attenborough, Richard 73
Augrabies Falls National Park **51**
Axelson, Eric 59

B

Bailey, Abe 21
Baker, Sir Herbert 123
Bakone Malapa Northern Sotho
  Open Air Museum 97
Baobabs 92, 93, 100, 101
Barnard, Christiaan 27
Barnato, Barney 54, 55, 115
Basuto 113
Battlefields Route **80–81**
Beit, Alfred 54
Beit Bridge 100
Beit, Wernher 115
Bethlehem 109, **111–112**
Bilharzia 124, 131, 135
Bloemfontein **109–111**
Blood River 124
Blyde River Canyon Nature
  Reserve **90**
Bothshabelo 85
Bredasdorp 37
Büffel 9, 37, 59, 60, 66, 92, 93, 106
Buller, Sir Redvers 81
Buren 80, 85, 99, 104, 106, 114, 115,
  124
Bushmans Kloof **46–47**
Buys, Coenraad de 99
Buysdorp 99

C

Cango Caves 46
Cango Wildlife Ranch 46
Cape Agulhas 37
Cape of Good Hope Nature Re-
  serve 28
Cathedral Peak 71
Cathkin Peak 71
Cetshwayo, König 80
Chamber of Mines 119
Clanwilliam **46–47**
Clarens **111–112**

Coffee Bay 66, 67
Constantia Wine Route 27
Cranko, John 10
Cullinan 124

D

De Beer, Gebrüder 53, 54, 55
Debengeni Falls 98
Diamanten 12, 49, 53, 54, 55, 58,
  114, 115, 124
Diaz, Bartholomeu 18, 39, 40, 58
Dingane, König 76, 80
Donkin, Sir Rufane 58
Drake, Francis 18
Drakensberge 8, 68, **70–72**, 74, 90,
  97, 98, 133, 134
Duggan-Cronin, Alfred 55
Durban 10, 15, 68, **75–80**
d'Urban, Benjamin 76
Dwesa Nature Reserve 66

E

East London **64–65**
Elefanten 7, 9, 85, 92, 103, 106, 132
Ezulwini Valley 94

F

False Bay 6
Franschhoek **33–34**

G

Garden Route 7
Garden Route National Park
  57–58
George **41–42**
Golden Gate Highlands National
  Park 112
Graaff-Reinet **60–62**
Grahamstown **62–63**

H

Half-men 51
Hermanus **36–38**
Hlane Royal National Park 93
Hluhluwe/Umfolozi Game
  Reserve **82–83**

I

iSimangaliso Wetland Park 82

J

Jeffrey's Bay **57–58**
Johannesburg 6, 9, 54, 90, 97, 104,
  106, 114**–120**, 130, 131, 133, 134, 135

K

Kap-Halbinsel **27–30**
Kapstadt 6, 9, 12, 13, 14, **18–27**
Kgalagadi Transfrontier Park
  52–53

Khoikhoi 19, 51
Kimberley **53–55**
Knysna **42–44**
Krokodile 87
Kruger National Park 9, 85,
  90–92, 101, 103
Krüger, Paul 85, 86, 90, 99
KwaZulu-Natal 8, 131, 135, 136

L

Lake Fundudzi 101
Lapalala Wilderness Area 102
Laubser, Maggie 31
Leoparden 9, 100, 106
Lesotho **112–113**
Limpopo 97, 102, 131
Louis Trichardt **99**
Löwen 9, 52, 92, 106
Lowveld National Botanical
  Garden 86

M

Magoebaskloof 98
Mandela, Nelson 10,
Maputaland Marine Reserve
  13, **82–83**
Marakele National Park 103
Margate **68–70**
Mbabane 94
Mbombela **85–87**
Mlilwane Wildlife Sanctuary 94
Modimolle 102
Mossel Bay **39–40**
Mpumalanga 8, 85, 94, 131, 134
Mthatha **65–67**
Musina 101
Musina Nature Reserve **100–101**

N

Namaqualand **49–50**
Nashörner 9, 92, 106
Ndebele 85
Nguni 93
Nord-Kap 49, 55
Nordwest-Provinz 104, 107

O

Oudtshoorn **45–46**

P

Paarl **34–35**
Pietermaritzburg **72–75**
Pilanesberg Game Reserve
  106
Pilgrim's Rest **89**
Plettenberg Bay **44–45**
Polokwane **97–98**
Port Alfred **63–64**
Port Elizabeth **58–59**
Port Nolloth 12, 49
Port Shepstone **68–70**
Potchefstroom **106–107**
Pretoria/Tshwane **121–125**

Sabie **87–88**
Sabi Sabi Private Game Reserve 93
San 8, 19
Sotho 97
Soutpansberg **99–100**
Springbok 49
Stellenbosch **30–33**
Stern, Irma 31
Sudwala Caves 86
Sun City **104–105**
Swasiland **92–95**
Swazi 86, 93, 94
Swellendam 39

Thohoyandou 101
Thulamela 92
Transvaal 86, 89, 90
Tshipise 101
Tshwane/Pretoria **121–125**
Tsitsikamma Area 57
Tulbagh **36**
Tzaneen **98**

Upington 51, **53**

Venda **101–102**

Waterberg **102–103**
Wild Coast **65–67**
Wilderness, 13, 42
Witwatersrand 54
Wuppertal **46–47**

Xhosa 8

Zululand **80–81**

Impressum

Herausgeber: TRAVEL HOUSE MEDIA GmbH, München
Programmleitung: Dr. Michael Kleinjohann
Redaktionsleitung: Jens van Rooij
Autor: Albrecht Hagemann
Autor Tipps Seite 12–15: Wolfgang Rössig
Redaktion: txt redaktion & agentur, Dortmund
Bildredaktion: txt redaktion & agentur
Satz: txt redaktion & agentur
Umschlaggestaltung: independent Medien-Design, München
Karten (Umschlag): ADAC e.V., München
Karten (Innenteil): ADAC e.V.
Herstellung: Katrin Uplegger
Druck: Drukarnia Dimograf Sp z o.o. (Polen)

Ansprechpartner für den Anzeigenverkauf:
KV Kommunalverlag GmbH & Co KG,
MediaCenterMünchen, Tel. 089/92 80 96 44

ISBN 978-3-95689-065-9

Neu bearbeitete Auflage 2015
© 2015 TRAVEL HOUSE MEDIA GmbH, München
ADAC Reiseführer Markenlizenz der ADAC Verlag GmbH & Co. KG, München

Das Werk einschließlich aller seiner Teile ist urheberrechtlich geschützt. Jede Verwendung ohne Zustimmung von Travel House Media ist unzulässig und strafbar. Das gilt insbesondere für Vervielfältigungen, Übersetzungen, Mikroverfilmungen und die Verarbeitung in elektronischen Systemen. Die Daten und Fakten für dieses Werk wurden mit äußerster Sorgfalt recherchiert und geprüft. Wir weisen jedoch darauf hin, dass diese Angaben häufig Veränderungen unterworfen sind und inhaltliche Fehler oder Auslassungen nicht völlig auszuschließen sind. Für eventuelle Fehler oder Auslassungen können Travel House Media, der ADAC Verlag sowie deren Mitarbeiter und die Autoren keinerlei Verpflichtung und Haftung übernehmen.

Ein Unternehmen der
GANSKE VERLAGSGRUPPE

Bildnachweis

Titel: Badehäuschen am Strand von Muizenberg bei Kapstadt
Foto: **mauritius images** (Catharina Lux)

Titel Faltkarte: Zebras im Addo Elephant National Park
Foto: **Shutterstock** (Jonathan Pledger)

Archiv E & B, Berlin: 8/9.1, 34/35 (Hendrik Holler) – **Bavaria Bildagentur:** 35, 125 (Picture Finders) – **Corbis:** 20.1 (Great Stock), 41 (Great Stock/Horst Klemm) – **ddp Images:** 26 (N.N.), 44 (Robert Harding) – **dpa Picture-Alliance:** 86.1 – **Fotolia:** 12.1 (Siegmar), 12.2 (Eric Isselée), 13.2 (Judex), 14.3 (mophoto), 15.4 (taviphoto), 16/17 (samjbasch), 30 (Joyce van Stan), 72.1 (EcoView), 122/123 (Elzbieta Sekowska) – **Franz Marc Frei:** 2.1 (Wh.), 4.2, 4.4 (Wh.), 5.2, 6, 7, 18/19, 20.2, 25, 36, 38, 43, 52.1, 53, 56, 70, 77, 78, 91.2, 96 (2), 100.2, 101, 102.2, 108, 116, 117, 118, 119, 121, 124, – **Albrecht Hagemann:** 52.2, 67, 120 – **Bildagentur Huber:** 33 (Justin Foulkes) – **IFA Bilderteam:** 2.4 (Wh.), 10/11, 11.1, 29 (Aberham), 54/55 (Ernie S.) – **Imago:** 15.3 (Arco), 39 (Africa Media Online), 104/105 (Chromeorange) – **Interfoto:** 27, 105 (LatitudeStock/Colin Marshall), 66 (Geraldo), 89 (David Wall), 127 (Schmidt-Luchs) – **laif:** 2.3 (Wh.), 45, 47, 59, 63, 64/65, 81, 86.1, 88, 91.1, 98 (Emmler), 3.1 (Wh.), 37 (Kralj/i-Afrika), 15.2 (hemis.fr/Franck Guiziou), 72.2 (Jonkmanns), 84 (Obie Oberholzer), 112 (N.N.), – **Look:** 2.2 (Wh.), 3.4 (Wh.), 4.1 (Wh.), 24/25, 31.1, 46, 54, 93 (Heeb), 4.3 (Wh.), 102.1, 111 (N.N.), 13.1 (age fotostock), 21 (Christian Heeb), 22 (Aldo Acquadro), 23 (Jan Geune), 31.2 (Hendrik Höller), 60/61, (Michael Martin), 82/83 (Rolf Frei) – **mauritius images:** 6/7, 40, 107 (Alamy), 8/9.2 (imageburger/Michael Nitschke), 13.4 (Photononstop), 15.1 (John Warburton-Lee), 28 (Böhnke), 61 (Catharina Lux), 100.1 (ANP Photo) – **N.N.:** 3.2 – **Shutterstock:** 5.1 (Wh.), 114/115 (tusharkoley), 10 (InnaFelker), 12.3 (everything possible), 13.3 (David Ryznar), 14.1 (bikeriderlondon), 14.2 (James M Drake Media), 24 (PhotoSky), 48, 103 (EcoPrint), 50/51 (Wolf Avni), 68/69 (del smith), 70/71 (Warren Goldswain), 74/75 (michaeljung), 91.3 (francesco de marco), 94/95 (Elzbieta Sekowska), 99 (Steve Heap) – **South African Tourism Board:** 115 – **Dirk Schröder:** 3.3, 5.3 (Wh.), 5.4 (Wh.), 8, 11.2, 32, 50, 58, 79, 83, 94, 106/107, 113 – **Bildarchiv Steffens:** 87 (Walter Allgöwer) – **uShaka Marine World:** 76

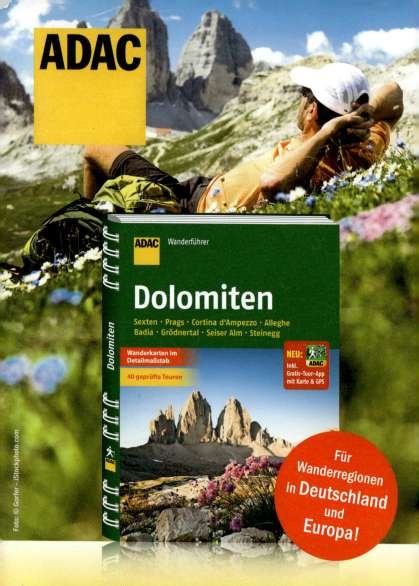

Kompetent auf Schritt und Tritt!
Mit ADAC Wanderführern.

■ ADAC Wanderführer setzen in jeder Richtung Maßstäbe ■ Mit ausführlichen Tourbeschreibungen und Top Tipps zu jeder Tour ■ Ideal ergänzt durch exakte Karten, Tour-Infos und anschaulichem Tour-Profil zur perfekten Auswahl und Planung ■ Im praktischen Hosentaschenformat!

Überall, wo es Bücher gibt, und beim ADAC.

www.adac.de/shop ADAC Verlag GmbH & Co. KG